ちくま学芸文庫

# 日本賭博史

紀田順一郎



筑摩書房

目次

# 日本賭博史

# 第一章　賭博史話

## 1　賭博の起源

### 祈りと予言

「過去という泉は深い。その底はほとんど測りしれないと言ってよかろう」——トーマス・マンは、ある長篇の発端をこのように説きおこしている。われわれも、いま日本の賭博を歴史的に遡っていくとき、まったく同じ感慨にとらわれざるをえない。いったい、全人類史のカテゴリーから見ると、現在われわれの抱いている賭博についての概念、すなわち、あらかじめ予測不可能な事態に対して金銭を賭するという考え方も、限られた理解のしかたにすぎない。人は未来が不可測であるということを、どうやって学び知ったのであろう。そして、その不可測に賭けるという意思を、どのように獲得したのだろうか。

要するに完全なる賭博史は、このような疑問の解明をまってはじめて可能となる。現在のわれわれの学問では、これはあきらめざるをえないのである。研究者の中には、賭博は人類とともに発生しているという者もあるほどだ。

未来を測ることができない、というのは、人間の経験ではなく、おそらく本能であろう。その本能がおそれているにかかわらず、人は未来に賭けねばならぬ。これが生活の必然というものである。

その場合、彼の相手は自然じたいである。時として恵みぶかいみのりをあたえ、つぎの瞬間には荒々しい暴威をふるって、生命の営みを脅やかす。建設と破壊、この二つの相反する属性を一身にかね備えた自然である。

人は、その破壊性をなだめようとする。逃れえぬものならば、破壊の到来する時期についての知識を得ようとする。「祈り」と「予言」の発生である。

賭けの対象たる自然は、人間に対して絶対的な優越性をもっている。人間は「吉」「兇」いずれの予言も、あたえられたものとして甘受せねばならない。文字どおりの運否《うんぷ》天賦《てんぷ》である。人がこの賭ける行為の中に、局面をきりひらく、運命を展開させるという意味をふくませるには、なお一段の飛躍が要求された。

それを可能にしたのは、おそらく制度の発見であろう。自然と異なり、制度は人為的に変革することができる。賭けの相手は彼と対等になるのだ。また見逃しえないことは、制度にまもられた彼がゆとりの心をもって、自然と対決できるようになるということだ。すくなくとも占いや祈りの意味は変ってくる。神明裁判の場において、かたむいたハカリの重みには、もはや自然じたいがかかっているのではない。もっと別の意味が「賭」かっているのである。——たとえば正義というような。
ホイジンガは、ギリシャ語のディケー（正義・法）の語源が、その動詞のディケルン（賭ける）であり、また英語・オランダ語のロット（運命）が同じ綴りのロット（くじ）と不可分な意味にある、と指摘している。古代人の思考のなかで、この二つは不可分に結びついていたのだ。ちょうど自然において、吉と兇とが不可分であったように、正義と不正は単純に対立し、対比され、一方が奪えば他方は奪われる関係として、理解されたのであった。これは私有財産の概念にも通ずるものとして重要である。

もともと、古代人の社会構造そのものからして、単純な対立と対比のうえに成り立っている。ある部族にとって、他の部族は宿命的なライバルとしてのみ出現する。おのおのの部族内でも、対立しあう胞族《フラトリア》がいる。双方に別のトーテムがあり、タブーがある。しかし彼らは対立しあいながら、依存しあっているのであって、これが共同体というものの本質である。もはや、自然そのままの自然というものはなく、言ってみれば黙契があるだけだ。今日のわれわれが「ルール」とよぶものである。

このような世界にあっては、圧倒的に強力な相手は存在しない。ただ、神聖にして犯しがたい予言だけがある。力に対してではなく、ルールに従うという黙契がある。これなくして、いかなる賭博も成立しない。

人類がいつから賭博をはじめたか、という問題は、彼らがいつルールを発見したか、というように問い直されねばならない。そして、この解答は人類社会の成立そのものに結びついて存在している。

## 賭けと祭祀

アメリカのコロラド峡谷や、アリゾナの原始遺跡には、古代人が賭博を行なっている図が見られる。(1)ニューメキシコやユタからも骨製のサイコロが発見されている。もともと古代インドが発祥地だというが、どこをどう伝わってきたものか、わが国でも岡山県下で骨製のサイコロが発掘されている。正倉院の御物《ぎょぶつ》にある象牙製は、ずっと時代が下って奈良朝貴族の玩弄品である。

一定のルールと賭具という形式をととのえた賭博が、日本の歴史のうえにいつごろ発生したかという問題は、推定にたよるほかはない。可能性の問題として、それは最大限、弥生文化の末期にまで遡ることができるであろう。このころ、日本は水田農業の発達により、社会的な階級の分化が生じつつあった。生産関係が一つの集団内において多様かつ不均等であるということは、いうまでもなく富の偏在をもたらす。持てるものは生活必需品以上の、余剰生産物を獲得しうる。蓄積された財産と、生産的時間からの解放、——賭博はこの二つの経済的要因に加えて、前節でふれたような原始宗教的感覚の様式が整った時期に、その原形をつくりだしたものと考えてよい。

宗教的な整備の段階は、銅鐸の使用時期を一つのメドと見ることができる。これはその表面に装飾として刻まれた生産労働の場面によって、収穫を祝う目的で作られたものと推定される。農業的社会にあって、収穫とは秋の取り入れを意味する。その年の恵みを感謝し、来たるべき年の収穫を祈願するので、この神祀《まつり》は呪術的、占術的要素がきわめて濃厚なものであった。(2)

民俗学が明らかにしたところでは、明治の初年まで全国的に、農村の神祀に付随した賭博が行なわれていた。厨子の中には神さまとならんで、必ずサイコロなど賭具がおさまっていて、これを怪しむものはだれもなかった。

後進地域においてまつりと賭けが密接不可分であったということの意味は、原始社会の宗教感覚に求めざるを得ないのであって、こうした祭祀のいわば技術的側面が抽象されたものが、今日われわれの概念からする「形式としての」賭博なのであろう。

(1) 紀元前一六〇〇年ごろ、エジプトではタウ・ハヴェムハウ・セナートなる賭博があった。ゲルマン神話のエーシル神族はサイコロをもって世界の運命を占っている。古代ローマではモーラという拳の一種があり、コロセウムの回廊には賭博台があった。これはいまでも残っている。古代ドイツ人も、大いに賭博を好んだという文献がある。中国の例では、夏殷周の時代よりすでに存在し、桀王の臣下が囲碁を発明したという。インドではチャツランカという賭博があり、マヌの法典ではこれを禁じている。語源的に興味ぶかい例として、ウエディング(結婚)はラテン語のウァディモーニウム、すなわち賭けものから出ている。新約聖書には、キリスト処刑後に衣服をくじで分けたという記事がある。

（2）占術と賭博との密接な関連性を示す一つの例として、中国文化圏の「樗蒲《ちょぼ》」がある。メンドーサ『シナ大王国誌』（一五八五）によると、「片側が丸く、他の側が平ら」な二個の木片（板）を投じ、その表裏によって吉兇を占っていた。これは土俗として全国に普及していたというが、後節に述べるわが国の「樗蒲」と極めて近い関係にあると思われる。

## 日本への移植

弥生文化は輸入文化であった。当時中国は漢、三国時代、朝鮮は三韓時代にあたっていた。ある文献によれば、囲碁は三国時代に発明されていたといい、麻雀にいたってはそれよりなお二千二百年前、禹帝という伝説上の時代に存在したという。史的信憑性には乏しいとしても、賭博が人類文化の諸性格と不可分にむすびついている事実、原始遺蹟にその痕跡をかいまみることのできる事実にてらしあわせてみれば、直観的に大きな誤りではないと言い得るであろう。

これらの賭博は、現在のこされている史料からみるとサイコロ、盤、それに黒白の石のいずれかを用いる形式を備えていた。すなわち、囲碁や盤双六であって、のちに述べる樗《ちょ》蒲《ぼ》も系統上はサイコロの流れに属する。麻雀もその前身が紙牌（平面的な板によるサイコロ）であった。

日本は地理的位置のうえから、中国文化圏の中にあった。農耕の方式、祭礼の様式をひっくるめた文化の総体が、中国より朝鮮を経て輸入定着した。二つの文化の接触は、大和朝廷の朝鮮進出や、王仁《わに》のような百済からの帰化人があったということからも、きわめて密接であったことがわかる。これは、当時の中国文化圏の賭博・遊戯に関する風俗がほとんどすべて輸入された可能性を与えるものである。

しかし、こうした朝廷経由の文化移入は、その特定の嗜好によって選択されるのが当然であって、少なくとも文献にのこっているところでは、双六、樗蒲、囲碁、攤《だ》、将棋（現在の将棋とはことなる）、ややくだって闘鶏、打毬《だきゅう》、放鷹《ほうよう》などが移植されたにとどまる。しかもこのすべてが賭博として行なわれたのではない。

# 2　古代の賭博

## 一二の目のみにはあらず

わが国の文献にあらわれた、最も古い賭博の記録は、天皇みずからの主催にかかわるもので、『日本書紀』の天武天皇紀一四年（六八五）九月十八日に、「天皇、大安殿《おほあんどの》に御《おはし》まして、王卿《おほきみたちまえつきみたち》等を殿《との》の前に喚《め》して、博戯《はくぎ》せしむ」とあり、十人の王卿らに衣袴《そはかま》を賜わったという。博戯の種類は明記されていないが、双六の一種であったという。

持統天皇は、その三年（六八九）に「禁断双六」の令を出した。文武天皇元年（六九七）には、博戯ばかりか遊手の徒（つまり博徒）、その家の主人、同居人まで罰することとした。どの程度の罰か明らかではないが、杖《じょう》一百、百日苦役、徒《ず》一年などに準じたものであろう。天平に入ると、役人の停廃封戸《ちょうはいふこ》、没官の例もあるから、このころより厳刑であったことが想像される。

和銅五年（七一二）成立の『古事記』には、二人の兄弟神が一人の女神をめぐって、いささか現世的にすぎる賭け（宇礼豆玖《うれずく》＝語源不詳）を行なった記事がある。[1]

それから四十年経過した天平勝宝の六年（七五四）には、すでに神々の姿はない。次のような意味の禁令が出ているのである。

「近ごろ官人百姓ともに憲法をおそれず、ひそかに集まっては双六にうつつをぬかし、子は父のいましめも聞かず、ついには家業を亡ぼし孝道を損ずる。ここに京四畿内および七道諸国に訓令して固く禁断せしむることとする。違反者は上下、男女をとわず杖一百」

このころ成立の『万葉集』巻第三に、

一二《ひとふた》の目のみにはあらず五《いつ》つ六《むつ》つ三《み》つ四《よ》つさへあり双六《すごろく》の采《さえ》(2)

とある。感にたえたようにサイコロに眺めいっている、奈良の人々の姿がほうふつとして浮かんでくる。現代人が麻雀の牌をいくら眺めても、こんな歌はよめないのである。

(1) 秋山之下氷壮夫（あきやまのしたびおとこ）と春山之霞夫（はるやまのかすみおとこ）の兄弟神は、伊豆志袁登売神（いずしおとめのかみ）を争い、敗者が上の衣と下の袴を脱ぎ、酒と山海の珍味を供えることにきめる。ここでは女神が賭けの対象ではなく、手段である。

(2) もう一つの読み方に「イチニノメ、ノミニハアラズ、ゴロクサム、シサエアリケリ、スゴロクノサエ」。采はサエと読んだ。

**『万葉集』の賭博（樗蒲）**

春霞たなびく今日の夕月夜《ゆふづくよ》清く照るらむ高松の野に（巻第十）

梓《あずさゆみ》弓末の中ころ不通《よど》めりし君には逢ひぬ嘆きは息《や》めむ（巻第十二）

――この二首は賭博とはなんの関係もないようにみえる。前の歌は「春になったので夕月が木の下闇にかくれることが多くなった」という程度の意味、後の歌は「中ごろ打ち絶えて通っておいでにならなかったあなたに、もう一度お逢いできました。もう嘆くのはやめましょう」ということである。

なんの変哲もない歌だが、これを万葉仮名のまま記すと次のようになり、傍線の個所は賭博を研究しないかぎり理解ができないのである。

春霞　田菜引今日之　暮三伏一向夜　不穢照良武　高松之野尒

梓弓　末中一伏三起　不通有之　君者会奴　嗟羽将息

この「三伏一向」「一伏三起」をそれぞれ「ツク」「コロ」と読ませることは古くからわかっていたが、なぜそうなるのか、長いあいだ疑問とされていた。

一方、風俗史に関心をもつ学者は、別の方面から問題に接近していた。上古の文献にあらわれる「樗蒲《ちよぼ》」とはいったいなにものだろうか、という疑問を解決しようというのである。これが双六とならんで、持統天皇のころから賭博の主流であったことは、さきにあげた「双六禁断」の令に関し『令義解《りようのぎげ》』(八三三)という公定注釈書が「博戯とは双六樗蒲の属」と言っていることからも明らかである。ところが、この博戯の内容を記した文献は一つもなく、おまけに早くより日本人に飽きられてしまったため、江戸時代にはすでに知る者もなかった。江戸の国学者・考証学者・喜多村信節《のぶよ》(一七八三―一八五六)ですら、詳しいことは知らぬと言っている。ただ彼は、『万葉集』にあらわれる「折木四」という文字が、樗蒲に関連があるという説を出した。樗蒲は四つの采《さい》を用いる。これが四木、折木四だというのである。

真葛《まくず》はふ　春日の山は　うちなびく　春さりゆくと　山の上《へ》に　霞棚引き　高円《たかまど》に鶯鳴きぬもののふの　八十伴《やそとも》の男《を》は　雁《かり》が音《ね》の　来継ぐこの頃　かく継ぎて……（巻第六）

という、天皇の舎人たちが禁足を命ぜられた恨みを述べた歌の中に、「雁が音」を万葉仮名で「折木四哭」としている。

信節の考証は、それ以上に進まなかったとはいえ、樗蒲をカルタの一種だとか、樗と蒲《おうち》の実をもって勝負することなどと言っていた、当時の百科事典（『和漢三才図会』など）類からみれば、飛躍的な進歩であった。

このようなめんどうな考証のあとを述べるのは、理由がある。それは、鎖国がどれほど日本人の知識を狭くしたかという、一つの好例になると考えるからである。じっさい、信節のような貪婪《どんらん》な知識欲をもった人物が、わずか一またぎの隣国朝鮮に行くことさえ許されなかったため、単純な文字の解釈にとどまらず、広く学問の系統的発展が止まってしまったのである。

樗蒲の正体が明らかになったのは、篤志な学者が自由に隣国の文化について、きめのこまかい比較考証をすることが可能となった、明治以後のことである。

### よみがえった古代の機知

明治は大きな歴史「観」の再編成が行なわれた時代で、こまかな考証には手が届かなかったが、大正の中ごろ賭博学者としても有名な大審院判事、尾佐竹猛《おさたけたけき》（一八八〇—一九四六）によって、この樗蒲問題に大きな照明があてられることとなった。

彼は比較文化史の発想をとりいれて、当時朝鮮に行なわれていた「馬田《までん》」に注目した。なんとこれが、別名を樗蒲といっていたのである。偶然の一致ではないので、日本周辺の諸民族語において、日本語と最も強い親族関係を見出せるのは朝鮮語である。

しかもこの樗蒲は「斫柶《せきし》」という一種のサイを用いる。これが『万葉集』の折木四である。サイといっても角形ではなく、タテ十センチ、ヨコ九センチほどの萩または樫の板である。これを四枚、両辺を尖らせ、アンズをそいだような形にする。その半面を白く、半面は黒く塗る[1]。

この柶を投じて、あらわれた変化に応じ、別に記してある圏点（〇印）を円形に並べた陣内を廻るのである。

尾佐竹判事は、せっかくここまできながら、陣や、サイの目の変化について詳しく調べなかった。これは千慮の一失というべきであった。

こえて昭和八年（一九三三）、遊戯史研究家・酒井欣が大著『日本遊戯史』の中で、この疑問を解明した。彼は『万葉集』の「一伏三向」が朝鮮語の「コロ」にあたるということに気がついた。かの国で一伏三向といえば、ニュート（擲柶または尺柶）というゲームの用語である。なお詳しく調べてみると、次のことが明らかとなったのである。

サイは木製または竹製のものを四枚、筒から振り出す。その変化数は五種で、三枚が表、一枚が裏の場合を三伏一向（ツク）と呼び、一点を与える。以下、

二伏二向（ケエ）　二点
一伏三向（コロ）　三点
四　向（ユート）　四点
四　伏（ミヨ）　五点

とする。陣は図の通りであるが、振り出しは「出」とある個所より行ない、点数と同じ数だけコマを進める。「入」とあるところに止まったら、次の回から左折して中へ入る。つまり一周するかわりに最短距離を選択する権利が生ずる。下の「通」は通り抜けの意味で、ここで左折していたら長距離になるからである。真中のマルは、ここにとまったら再び左折して、まっすぐ振り出しへ戻る。他の者につきあたれば、

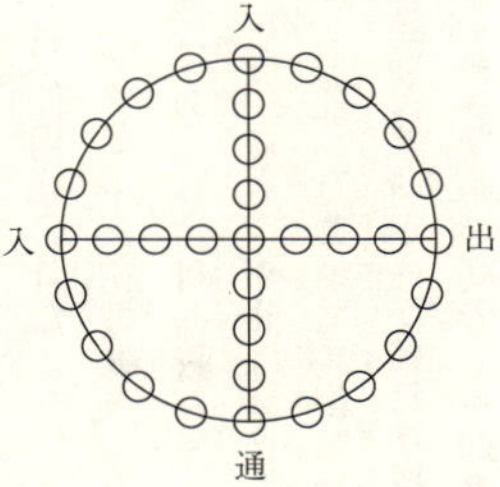

振り出しへ戻る。こうして早くあがった者が勝というもので、コマは一人につき一個ないし数個用いられたようである。(2)

かくて奈良朝の歌人のウィットはようやく理解されることとなったが、この酒井欣の労作はあまり注目されなかったとみえる。十八年(一九四三)の小高吉三郎『日本の遊戯』においても、樗蒲はいぜんとしてナゾの賭博となっている。

現在『万葉集』注釈においてはこれらの問題は常識化しているが、いまだに辞書などで樗蒲とチョボ一(純日本産のサイコロ賭博)を混同しているものがある。隣接学問の業績を尊重しない傾向のあらわれといえよう。

(1) このころは明らかでなかったが、二枚の白い面に雉、他の二枚の黒い面に小牛を描いたものが伝統的な斫梱であった。これは点数の数え方とは無関係である。

(2) だが『日本遊戯史』の著者は、やはりこれが古くからのナゾ、「樗蒲」の正体とは気づかず、単に「折木四」とした。なお、三伏一向を「ト」と記しているが、のちに「ツク」と読むことも判明しているので、本書では後者に従っておく。

## 小芹こそゆでてもうまし

双六は、一説によると武烈天皇のとき中国から渡来したというが、伝説上の時代だけに確実なこととは言えない。ともかく、六世紀末には上流社会で大流行していた。図のように盤の目を十二に仕切り、各人が白黒のコマを十二個ずつもって、サイの目の数だけ進ませ、

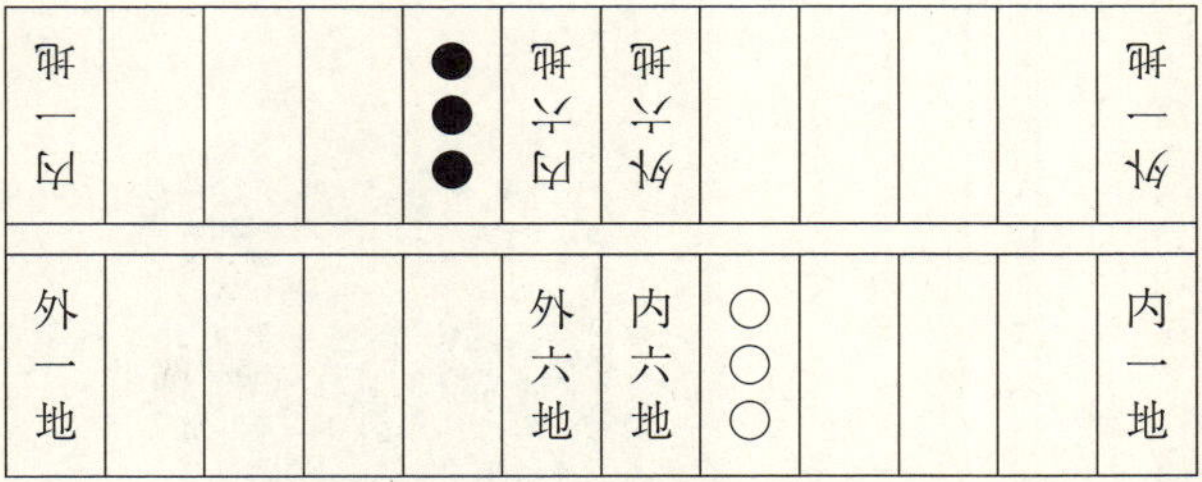


相手の陣へ早く全部入れた方が勝ちである。サイは二個であったが、目がそろうと「調二《でっち》」といって、続けてサイを振ることができた。一説にはサイの目によって役がきまっており、たとえば⚀⚀の場合は内六地の二個を内五地へ、⚁⚁の場合は内六地の二個を内四地へ進ませるというルールになっていたというが、これに従うと内六地にコマが全然ない場合は無意味となる。

けっきょく妥当と思われる説は、たがいにコマを三個内六地におき、スタートする。手持のコマは十二個。これをつぎつぎにスタートさせ、内一地に達したら外一地へ追いあげ、以下一巡して自分のまえにある外六地に達する。ここがゴールである。

一つの目について三コマが定員だから、たまたまぶつかったコマはそのまえで足ぶみさせられる。むろんサイコロの目が多くでれば飛びこすことができる。最も多い目は言うまでもなく⚅⚅重六《ちょうろく》という。このほか目の読み方には特殊なものがあって、たとえば⚂⚂は朱三《しゅさん》、以下五三《ぐさん》、三六《さぶろく》、五四《ぐし》、五二《ぐに》などといった。

盤は長方形の台で、桜、黒柿などを用いたが、元禄期には黒

文化期の蒔絵双六（竹菱葵紋散蒔絵双六盤）
（出典：ColBase〔https://colbase.nich.go.jp〕）

漆塗り金蒔絵、筋は象牙のはめ込みという豪華版もあらわれた。寸法は一定で、厚さは四季を象徴する四寸、長さ一尺二寸（十二ヵ月）、広さ八寸（八方）である。このほか目の十二はやはり十二ヵ月、横の三段は天地人、内と外を陰陽になぞらえ、黒白あわせて二十四個の石は一日を象徴し、二つのサイは日月をあらわす。さらに筒は須弥《しゅみ》の三十三天にあやかって三寸三分という徹底ぶりである。後の人のこじつけといえないこともないが、古代中国人の世界観が反映されているとした方が、双六の発生を考察するうえから妥当であろう。

サイをふって、その数だけコマを進めて一巡させる形式の遊戯は、朝鮮に例の「樗蒲」があったし、台湾には「葫《こ》蘆《ろ》運《うん》」という、わが国の紙双六に近いものがあった。発生的に見れば、最も古いものが盤双六、次に樗蒲、葫蘆運の順であろうという。しかし、わが国に渡来したときは双六が勢いさかんなときであり、類似の樗蒲は双六に吸収されてしまった。これが早くから樗蒲が忘れ去られた理由であるとする。葫蘆運の方は台湾より朝鮮に渡ったさい、そこで樗蒲に統一されてしまったのである。つまり、

盤双六―樗蒲―葫蘆運―絵双六

というところが双六の大まかな発達史となる。なお、囲碁の盤や黒白の石も双六より分化したものとする見方もある。

のちに双六に用いられたサイコロは、それだけで独立し、戦国から近世賭博の主流となる。こうみていくと双六こそ、賭博の源流ということができる。

奈良朝の人は、この双六をどう見ていたのであろうか。

『万葉集』とならんで、やはり八世紀のものとされる『催馬楽《さいばら》』にも、双六をよんだ歌がある。文中「芹《せり》」は「糶り」を意味するというが確証はない。

「大芹は　国の禁物《さたもの》　小芹こそ、ゆでても旨《むま》し　これやこの　せんばん　さんたの木　柞《ゆし》の木の盤　むしかめの筒《どう》　犀角《さいかく》の賽《さい》　平賽《ひよう》　頭《と》賽　両面　かすめ浮けたる　切りとおし　金《かね》はめ盤木　五六がえし　一六の賽や　四三賽や」

葫蘆運
（尾佐竹猛『賭博と掬摸の研究』）

なにかの暗号みたいだが、国文学者がよってたかっても意味がわからない。大芹が「樗《ちょ》蒲《ほ》」、小芹が双六ということはほぼ確かなようだ。「せんばんさんたの木」は栴檀《せんだん》珊瑚の木、「柞」は植物名、むしかめは虫くいの意味、筒はいうまでもなくサイ筒、平賽は不明、頭賽は単にサイのこと、両面は双六盤の両面をいうものと思われる。「かすめ浮けたる切りとおし」が最も難解で、おそらく盤の装飾を表わしているのであろう。「五六がえし一六の」は「一二」の誤り。周知のように五六のうらは一二だからである。サイコロのメカニズムについては、次章で解説することにしたい。

平安時代に入っても、双六はなおさかんである。かの清少納言もだいぶお熱をあげたらしい。『枕草子』(九九六頃成立)には、「こころゆくもの……ちょうばみにちょうおおくうちいでたる」(満足なもの、双六に同じ目の多く出ること)とあるからだ。

もっとも、この「ちょうばみ」を「丁半」と解釈するむきもある。そうなると、清少納言のイメージはいちじるしく傷つけられるであろう(1)。

(1) このほか『源氏物語』「宿木《やどりぎ》」の一節に賭碁の場面もある。光源氏対薫宮、のりもの(賭物)は女二宮である。

### つどいておおう貝よりも

以上、奈良、平安時代の双六樗蒲について述べたが、このほかにも二、三文献にあらわれたものがあるので補足しておく。

宮中の闘鶏（『年中行事絵巻』）

その一つが闘鶏で、『日本書紀』雄略天皇七年（四六三頃）に記録がある。もっともこのときは賭博ではなかった。王朝時代に宮中の大流行となり、ついに三月三日の年中行事と化していたのである。が、悪弊が出たのでいっきょに禁止され、のち貞享年間（一六八四―八八）に復活した。

にわとりの蹴爪も永き日あしかな

つぎに賭弓《のりゆみ》であるが、承和元年（八三四）二月に天皇みずから賭弓を行なった、という記事が『続日本後紀《しょくにほんこうき》』に見える。延喜二年（九〇二）いらい、正月十八日の宮中行事として殿上賭弓が行なわれ、賭け物として装束が下賜された。

このような貴族の遊芸は、後世の賭博に多かれ少なかれ影響を及ぼしたものが多い。

まず物合わせの系列である。これは草合わ

宮中の賭弓（『年中行事絵巻』）

せ、花合わせ、香合わせなどがあって、草合わせのうち、「菖蒲《しょうぶ》」の根合わせのごときは、ほとんど純然たる賭博であった。これは根の長さを競いあうのであるが、その場で引きぬくのではない。あらかじめ丁寧にぬいて洗ったのち、洲浜（砂の池）に立てておく。競技者は左右にわかれ、順に長そうなものをとって比較するのである。

長き根ははるかにみゆるあやめぐさひくべき末を千歳おもへば（寛治七年、一〇九三）

この変型として、珍しそうな草をあわせ、類のないものを勝とする「草合わせ」があった。

まけがたのはずかしげなるあさがほを鏡ぐさにも見せてけるかな（『後拾遺和歌集』応徳三年、一〇八六）

だが、このような貴族的な悠長な遊びの中では、後世にあたえた影響という点で「貝覆い」にしくものはない。これも元来は、いろいろの貝をもち寄り、その貝にちなんだ歌を書いて優劣を競う、一種の文芸賭博であった。しかし、平安末期から文芸的な性格を捨て、純競技化したのである。三百六十個のハマグリを二つに分け、一方を地貝、一方を出貝とする。両者一対には同絵が描かれていた。地貝は中心に十二個を円形にならべ、以下順に七個ずつふやして外周九列の輪をつくる。出し役が一つずつ出貝を置くと、競技者は地貝の中より他の一対を見つけだすのである。

蘆蒔絵貝桶および合貝
（出典：ColBase〔https://colbase.nich.go.jp〕）

逸物の鷹や目なれの貝覆い（『立圃句集』）

ひしひしとつどいておほふ貝よりもただふたりにて目をや論ぜむ（『四十二のものあらそひ』）

目というのは双六の目である。

おもに女性の遊びで、貝を入れる貝桶は嫁入り道具の先頭にたった。

鎌倉時代に入ると、和歌の趣味に縁遠い武士階級もこれを弄び、江戸時代初期には紙の生産がやや盛んとなったので「歌カルタ」に変貌する。これには「うんすんカルタ」など外来形式のものによる刺激もあったと思われる。「歌カルタ」は原形が将棋のコマのようなものであったが、のちに方形の薄板にかわり、「百人一首」へ進化した。江戸時代の賭博禁圧時代にはこの形式が擬装として用いられ、「むべ山」という純粋な賭博を生みだすが、一方その国粋的な様式が「花カルタ」の意匠にヒントをあたえ、明治賭博の主流にのしあがっていく。

### そのことに洩れるは口惜し

このころ、庶民の賭博として行なわれたものに「四一半《しいっぱん》」「七半《ななはん》」がある。詳しい方法は近世賭博の項にゆずるが、ここでは、当時の武士がいかにこの賭博にひきつけられていたかを示す、一つのエピソードをあげておく（『古今著聞集』）。

花山院のころ（九八四―八六）、侍どもは「七半」を好んで、夜昼となく打ちまくった。上長が制したけれども、いっこう聞きいれない。

その侍たちの中に非常に貧しい恪勤者《かくごしゃ》があった。これは親王や大臣に仕える侍である。彼は一文も持ちあわせなかったので、博奕のなかまに入れてもらえなかった。ある夜、寝もせず、ためいきをついているのを女房が聞きとがめた。

最初のうちは「いや、なんでもない。ただ身の程がいまさら思い知らされて眠れないんだ」というだけ。それでも問いつめると、こんなことを言いだした。

「このごろおれの同輩は、老いも若いも七半をうっている。毎日じつに楽しそうだが、それをみていると、おれだけが一文半銭すら持っていないために、なかまに入れない。まあ、どうなるかわからん身だから、これでいいのかもしれん。打ちたいというのではない。ただ、あれほどにおもしろがっているのに、自分一人よそ者になっていると、大事があったときに困るのではないか。そんなことを考えていると、どうやって人に交わろうかと、いまさら自分があわれになる」

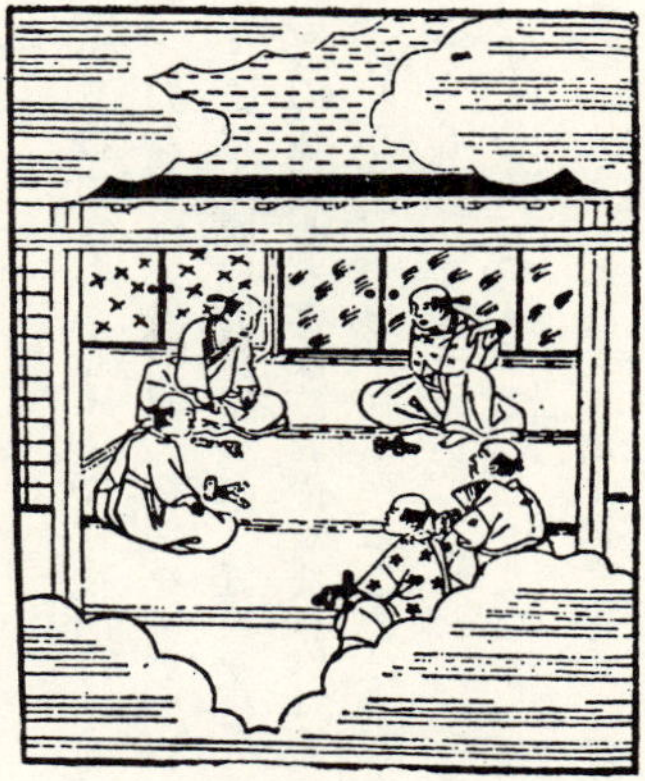

賭博が社交の手段
(『古今著聞集』巻十八)

女房は泣いて言った。

「わかりました。人に交わるならいは、いいことにつけ悪いことにつけ、そのことに洩れるは口惜しいことです。わたしに考えがありますから、明日をお待ちなさい」

男はおどろいて、

「女といえば、博奕に腹をたてるものであるのに、うれしいことを言う。だが、もうよい。なにをしようといいだすのだ」

「いまは何もおっしゃるな、夜明けをお待ちなさい」

この女房は大納言家の召使を勤めている、しっかり者であった。夜あけとともに、自分の一張羅を脱いで質に入れ、五百文借りて来た。

「この銭で心おきなくおやりなさい。人が十貫、二十貫で打とうが、こちらが少ないお金で打とうが、心をいれてやることは変りません。つまらないと思うことに多額の銭をかけることもありますまい」

男は感謝して銭を懐に入れ、勤務に出かけた。早くも賭場開帳。男はその中にまじったが、なんといっても初めてのことだ。朝夕見聞きしていたけれど、我と手をおろしてしたことはないから、サイの目の勝ち負けもよく知らない。えい、こうなれば人に聞くばかりだと思い、傍らの者に頼むと、

「おやおや、いままでお独り交わらないから、こちらは賢人ぶってるのかと思ったよ。これはこれは」

などと皮肉をいわれた。男は、

「今日よりなかまに入れてください」

と低姿勢ながら、五百文を一度に出した。うまくいって一貫（一千文）になった。

「おれは一度もやったことがないのに、申しわけない。胴親はあんた方にまかせます」

などと言っているうちに、また一貫もうけてしまった。五百だけは女房に返したいが、のこりは好きなようにしようと、あまりよくない目をねらった。ところがまた一貫勝ってしまった。

そのあとは一貫また一貫、ついに三十貫にもなってしまった。あまり手あらにふるまわん方がよかろうと、

「しばらく休ませてください」

と言って引きさがった。朋輩どもは女牛に腹を突かれたような気持になったが、いま飼い馴らしておいて、そのうち食ってやろうと心にきめた。一方、男はさっそく女房のもとへ銭を届けてやった……。

この話は、あと男が儲けた金で出家するという、一種の教訓談になってしまうが、ここまでのくだりは、当時の侍社会のあり方を反映して興味ぶかいという以上に、現代人の心にふれるものがあるのではないだろうか。

宮づかえの閉ざされた環境で、人は「つきあい」を学ばねばならない。異端者はまさかの時に、朋輩の助力を期待することもできないのである。このような階級社会にあっては、賭博は貴族の遊芸的な要素などというものではまったくない、ひとつの社会的「態度」なのである。その究極には生活の必要というものがある。貴族にはその心配がない。

賭博人口の拡大ということには、このような人間関係の矛盾による強制があずかってい

る。それは明らさまな強制の形をとらない。かの朋輩たちのように無視の形をとる。人はその「われ一人よそなるが」不安に耐えられず「よきことにもあしきことにも」完全なる妥協を余儀なくされるのである。

## 3 乾坤一擲の思想

### 四重・五逆

鎌倉・南北朝の賭博は、武家政治の時代にふさわしく、賭弓や競馬、闘犬などがさかんとなる。

治承四年(一一八〇)以仁王《もちひとおう》が平氏討伐の令旨を出したころ、武人が詠んだうたに、

今日やさは雲の上人もろ矢して射分《いわけ》の銭を心がくらむ

というものがある。射分の銭とは賭銭のことで、十二世紀前半ごろは宮中でも大流行だったとみえる。

やや時代がくだって北条高時は犬合わせ(闘犬)を愛好した。当時の守護大名たちは彼の好みにあわせて犬を飼育し、勝負には莫大な賞金がかけられていた。

「これを愛すること骨髄に入れり。すなはち諸国へ相触れて、あるいは正税・官物に募りて犬をたずね、あるいは権門高家《けんもんこうけ》に仰せてこれを求めける間、国々の守護国司、所々の一族大名、十疋二十疋飼立てて、鎌倉へ引きまいらす。……輿《こし》にのせて路次を過る日は、道

を急ぐ行人も馬よりおりてこれにひざまずき……肉に飽き錦を着たる奇犬、鎌倉中に充満して四五千疋に及べり。月に十二度犬合せの日とて定められしかば、一族大名、御《み》内外《うちと》様《ざま》の人々、あるいは堂上に坐を列ね、あるいは庭前に膝を屈して見物す。時に両陣の犬どもを、一二百疋ずつ放し合せたりければ、入り違い追い合うて、上になり下になり、噛み合う声天を響かし地を動かす」(『太平記』巻第五)

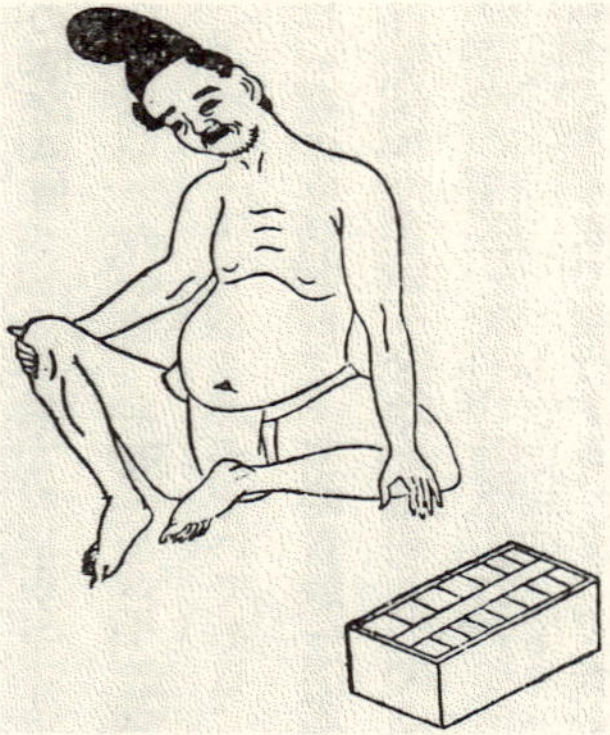

鎌倉時代の博奕うち
(『建保職人尽』)

とあって、その豪勢なさまがしのばれる。これを見た人々の中には顔をしかめて、高時が戦いに死ぬ前兆としたという。

世相の険悪さを象徴するエピソードだが、一方では囲碁のような頭脳遊戯も大流行していた。これも陣取りの予習だったのかもしれぬ。

白浪は真砂うつなり浦々に、寄する玉藻を賭けものにして

と当時の歌にある。兼好法師もかの『徒然草』の中で、ある人の談話というに託して、「囲碁・双六好みてあかしくらす人は、四重五逆にもまさされる悪事とぞ思ふ」(第百十一

段）

などと嘆いていたほどである。

## 貴族の宴席賭博

同じ『徒然草』の中で、「攤《だ》」という賭博にふれた個所がある。第百五十七段に「骰子《さい》を取れば攤うたんことを思う」とあるのがそれである。

これは一種の宴席賭博で、当時貴族の間に流行していた。やや遡って安徳帝のころ、つまり十二世紀末に行なわれたという記録を見ると、次のようなものである。

貴人の席前に円座を設け、切灯台をすえ、中納言以下は笏《しゃく》（束帯のとき右手に持つ具）を腰にさし、円座のところまで膝行《しっこう》する。そこで懐から「攤」をとり出して置くのであるが、これは一種の賭け紙で、今回の賭けに参加しますという意思表示である。以下同様に大納言、左大臣、太政大臣の順に賭け紙を出す。太政大臣は笏を懐中にしたまま、しかも立って円座に近づいてよい。これは身分の差を表明するためらしい。

次がサイを振ることになるが、その数は不明である。ものものしい賭博だから、たぶん二個以上であったと思われる。これも下﨟《げろう》から順に高官におよぶ。いちいち笏をさし、膝行して円座に近づき、そこでサイをふり出してから自分の座にもどる。けっきょく一番よい目を出した者が賭け紙をとることになる。これにはたぶん賭銭の額が記してあったのだろう。

この「攤」にふれた書物は多いが、具体的な遊び方を記したものは、平安時代から鎌倉時代初期の公家九条兼実の日記『玉葉《ぎょくよう》』だけであって、おおかた宴席に共通するところの、形式ばった無内容さによって、だれも記録する気持になれなかったのだろう。

なお、国文学関係では攤を双六と同じとする見方が多い。これにも典拠はあるので、いちがいに誤りとはいえず、おそらく当時から混用されていたのであろう。

### 戦国乱世の賭博

律令制度が崩壊し、全国的な領土再編成期に突入すると、支配者たると人民たるとを問わず、いちように弱肉強食の世界に投げこまれる。彼らが直面したものは、自然の暴威ではなく、人間の力と力のぶつかり合い、物理的な暴力だった。日常の戦さにあたって、彼らの日常を支配していたものは、「乾坤一擲」という感覚であった。

永禄十二年（一五六九）の『塵塚《ちりづか》物語』には、以下のような陣中賭博の情景が描かれている。

「建武いらい戦さが続き、武士は立身出世の最中だが、このところ武芸の達人がさっぱり出ない。どういうわけかと思えば、これはバクチのためであろう。群卒が陣中のなぐさみといえば、大将より足軽にいたるまでバクチである。一回の勝負に五貫、十貫あるいは金五両、十両とたてつづけに賭けるため、山をあざむくほどの金銀も、たちまちにして消えてしまう。金がなくなると武具や馬具を賭ける。これもとられて、思わぬ苦労をする者が多いという。

畠山某という者が、ある戦場に向かったところ、よろいばかり着て直肌の武者もあり、刀のない者もあった。中以下の士卒のいでたちは、おおかた不具（武具を備えていない者）で、そのざまは異様であった。

しかし、当時の高名の武士といえば、多くこの不具者から出た。なぜかといえば、バクチに負けて困っているので、このたび一定必死と心得て、けんめいに戦うからだ」

というのが建武、すなわち南北朝ごろの陣中賭博である。

だが、二度目の内乱期（応仁の乱）を迎えるころ、人々の心には重大な変化が生じていた。

権力が奪い、奪われる性質のものであり、生きるためには勝たねばならぬという思想に変りはない。そして、元来この生活感覚は、自分たちだけに勝運がついているという、呪術的な信仰によって支えられていた。しかし、その信仰はもはや絶対のものではなく、彼らの願いを現実に反映してくれる効用性がなければ、むしろ捨て去ってもよいものと考えられるようになっていた。なんといっても、二つの戦乱を通じて人々の心の中に徐々に形成されていったものは、力のリアリズムだったろう。

戦さと賭け（『国姓爺明朝太平記』）

のちに江島其磧《きせき》は『国姓爺明朝太平記』（享保二年、一七一七）の中で、こうした感覚をたくみに定着している。

——大詰の国姓爺出陣の場面、星に異変が起ったので軍兵が動揺する。そこで国姓爺が天照皇大神宮へ祈願し、銭を百文とり出して、

「この銭をこの地に投ぐべし。もし、このたびのいくさに勝利を得るならば、百文の銭みなみな文字のある方ならぶべし。もし一銭にても字なき方あるならば、敗けいくさと覚悟すべし」

とさけんで、あわや銭を投げようとする。そのとき、甘輝《かんき》という武将があわてて押しとどめ、

「はばかりながら、これは思慮なき御仕業。そもや百文が百文ながら字になるというこ

とあるべきや。もし一文にてもちがい申せしときは、軍勢気をうしなひ、戦はずして負ける道理ならずや。ひらに御無用」

と、いさめる。

結果は百文がすべて表に出て、軍勢は奮いたつ。国姓爺は賭けに勝ったのだ。

だが、この場合結果はどうでもよい。現実的な武将にとっては、呪術などは形ばかりの儀式でしかない。士気の高揚に役だつならいざしらず、そうならぬとわかっている祈願など、なんの意味もない。ということは、運命そのものの利益が計量され、ぜったいに不利な状況には投企しないという「狡智」がはたらいているのである[1]。

このような計量や狡智が、賭博行為そのものに反映したことは、じゅうぶんに予想される。さきに引用した『塵塚物語』の作者は、つぎのように語をついでいるのである。

「応仁・文明のころの博奕には、人も狡猾になったのか、武具馬具に不足はなし、はじめのころは金銀も賭けていたが、やがて一銭の所持もなくなり、京の町人のように土蔵などを賭けるものさえ現われた」

このような風潮と表裏をなすように、職業的な賭博者が出現してくるのである。

賭博が職業として成立するには、不正手段が用いられねばならない。技巧的・遊戯的賭博はその点で適さない。自分よりつよい者が現われる可能性があるし、発覚の確率が大きいからである。一見、偶然の輸贏《ゆえい》（勝負）が支配する形式で、しかも結果が電光石火にきまるものが要求される。ここに不正手段を働かせる余地がうまれる。

室町時代も末になると、イカサマ用のサイが専門職によって作られていた。

一か二か目は消えはつるつぶれ賽それだに
　見ゆる秋の夜の月
ねたやげにかたづきしたるえせざいのかく
　かひもなき目をも見るかな(2)

つぶれ賽とあるのは、一定の目だけを入れたもの、かたづきとは鉛などをしこんで、重心を変えたサイである。

室町時代のさいすり
(『七十一番職人歌合』)

だが、戦国の日常感覚が、賭博者だけに影響をあたえたのではない。膨大な賭博人口を形づくった一般人が、いかなる姿にあったかという問題がのこされる。

彼らにとって、賭けごとはあわただしい陣中の慰みごとであり、不安な世相のまっただなかにおける、手軽な娯しみごとであった。異様に殺伐な世界にあって、しかも当面の生命のやりとりとは一応きりはなされた地点において、賭博は最小限二つの属性を備えることが要求されたと思われる。

まず、短時間に二者択一の危険をおかす形式をもつこと。まだるっこい双六や、碁のような高等遊戯では刺激が少ない。

次に単純なしくみであること。ぜいたくな、かさばる道具などを必要としないこと。無学者にもじゅうぶん理解できること。

このような理由から、従来からのサイと筒（壺）を用いた「チョボ一」や「丁半」が発明ないし普及されたのである。

（1）　神の託宣を謙虚に伺うのではなく、つごうのよい嘘を引きだそうとする思考態度は、まったく同じころ（十八世紀）の中国人社会にも存在した。吉の卦が出ないときには偶像をいためつけ、「望みどおり」に吉兆が出ると、偶像にむかってお祭り騒ぎをする（メンドーサ『シナ大王国誌』）。

（2）『七十一番職人歌合』明応年間成立。挿図は土佐光信である。これにならった江戸中期の『俳諧職人尽後集』（寛延二年、一七四九）にも「さいすりよみがけや年の市のうら」などとある。

# 4 江戸時代の賭博

## 諸悪の源

幕藩体制を築く過程にあって、賭博行為は絶えず弾圧されねばならなかった。もはや戦国時代の「天下廻りもち」の思想は、下剋上の危険思想でしかなかった。これが天命説とよばれたのは本質をあらわしたもので、徳川家康が目ざした「制度」の確立は、いわば人命説の実践といえよう。彼およびその後継者がのぞんだのは滅私奉公であり、没我的な献身であった。封建制度にとって、個我の主張はぜったいにあい容れぬものであった。「意地」とか「一分」「恥」の意識を生活のモラルとしていた、かぶき者《もの》をきびしく弾圧したのもそのあらわれである。

賭博について、もっとも早く出された禁令は、慶長二年（一五九七）三月の「博奕かけた諸勝負令停止」である。同じく七年には「ばくち、ほう引、双六このほか諸勝負禁制の事」とある。

このような禁令を集大成したものが寛保二年（一七四二）の『公事方御定書《くじかたおさだめがき》』である。

「五十三条　三笠付《みかさづけ》博奕打、取退《とりのき》無尽御仕置のこと。
一、三笠付点者、同金元並びに宿
一、博奕打、筒取並びに宿
一、取退無尽頭取並びに宿、遠島
一、取退無尽札売、家財取上げ
一、取退無尽くじふり、世話やき、家財取上げ、江戸払い
一、武士家舗にて召仕博奕いたし候もの、遠島
一、悪賽こしらえ候もの、入墨のうえ重敲《たたき》
一、手目《しゅもく》博奕うち候もの、遠島
一、博奕打両どなり並びに五人組
一、取退無尽宿、身上に応じ過料、ただし在方は組頭五人組とも過料」

要するに、賭博は大罪であった。「一心、二物、三上、四性、五力、六論、七盗、八害」すなわち、心が横柄となり、金銭を費やし、上手になり、気性が強くなり、負けたときは力ずくになり、口論をやらかし、人の目をくらまし、それでも負けたときは相手を殺害する（『牛馬問』宝暦六年、一七五六）。

諸悪の源、博奕より生ずるというわけで、歴代の施政者は禁圧に狂奔した。なかには松平定信のように、自領白河藩の違反者をまる坊主にし、改心したら還俗《げんぞく》するという法律を

出した例さえある。「恥」を逆手にとった刑罰で、明治になってからもこの故智にならった県がある。

これを要するに、カミシモを着せ、腰にスリコ木を挿させて村中を引きまわしたのである。とを示している。なぜ効果がなかったか。賭博が必要だったからである。彼らは賭けることによって、人間らしさを味わったのだ。人を害さざればおのれを害すという、生活のリアリズムを肌で感じることにより、お上のあたえる結構な教えにはない、世界の真実にふれたのである。庶民のモラルから見たとき、賭博は悪ではなかった。禁令は一つのたてまえにすぎず、お上の御都合しだいでは黙許もありうることを、彼らは知りぬいていたのである。

### 賭博と敵討ち

かかる庶民のモラルが、支配者の御都合主義とめでたく一致した主題が、敵討ちである。徂徠学派がなんといおうと、「義理」の発露は庶民にとって人間らしさの究極の表現としてうつった。赤穂義士がもてはやされたのも、ここに原因がある。

支配者が敵討ちを奨励したのは、彼らの欲する封建道徳の実践としてである。だが、賭博にしろ敵討ちにしろ、社会秩序の攪乱という点では変りない。そこで、赤穂義士の場合はやむなく死罪としたが、これによって敵討ちも「条件つき美徳」であることを表明したことになった。

もともと権力というものは、絶対のモラルの上に成立するものではない。また、そのモラルを貫くこともできない。彼らにとって必要なる唯一のものは権力である。その巧妙な運用である。

賭博のような恣意的な行為は、まずもって彼らの望む静寂主義に反するものである。そこで倫理的な粉飾を施した罰則を設ける。しかし、状況しだいではいつ何時でも変改する用意はしている。たとえば財政が逼迫すれば、みずから胴元として進出する。民衆の変革エネルギーを逸脱させるためにも、甚だ有効な政策と考えているのである。

近世以降の賭博史において見逃し得ないことは、かかる支配者の論理と、これに対する民衆の歪んだ心理的抵抗の姿である。それは、生かさず殺さずという収奪のための保護から脱出し、あたえられた古来の美風を否定

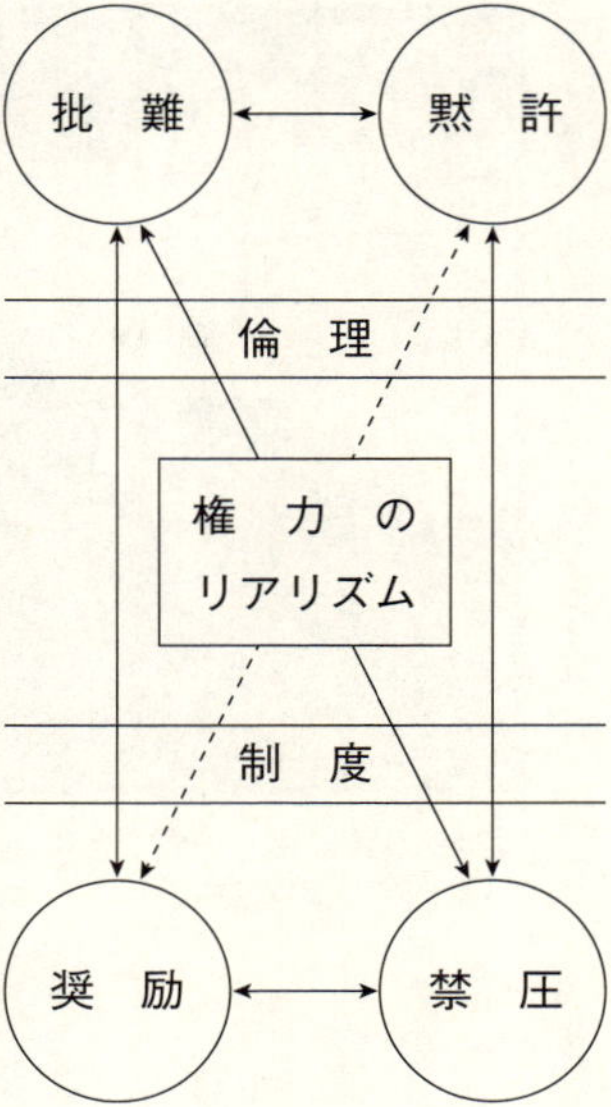

博奕うち芽ばえ、一雨ごとにふえる図（『一天地六偽咄』）

して「よからぬ道」（天保触書）を選択することにほかならなかった。

## 後日の分別せぬところ

江戸の経済は、特権的な門閥商人と関西の投機的な材木商人とによって基礎が築かれた。このためばかりではないが、江戸の経済は一面賭博経済とみられるべき要素をふくんでいる。貨幣価値の変動は常なく、生産的労働に対する報酬も不安定であった。宵ごしの金はもたぬとする江戸っ子の浪費癖も、このような経済事情が影響していたのである。遊里の繁栄も賭博の常習化も、根なし経済のもたらした必然的現象であった。

自然経済にたよった農業政策は、たびかさなる飢饉によって浮浪的農民をうみだした。彼らの一は博徒となり、農村における新しい階級たる旦那衆に寄生したり、都市の消費施設に流れこんだ。文化文政期には関東一円に宿場や河岸《かし》がひらかれ、博徒にとって格好の場所を提供することになった。悪所の繁栄にいたるや、昼は極楽のごとく夜は竜宮界のごとし、などともいわれ、「江戸はわきて人心不敵なるところ、後日の分別せぬところぞかし」(西鶴『日本永代蔵』)ということになった。

関東一円では、上州の機業地帯に国定忠治・日光円蔵・大前田英五郎などのお旦那博徒が発生、おなじく武州には新門辰五郎・小金井小次郎、利根川筋には銚子の五郎蔵・佐原の喜三郎・勢力《せいりき》富五郎・笹川繁蔵・飯岡助五郎などの博徒が輩出した。

これらの地方は、主として天領だったから幕府の監視も行きとどかず、また住民が副業による小金を持っていたという理由で、賭博はほとんど公然たるものであった。常陸などは、村入用の増大によって窮乏化した農民が、いちように博徒化した。土地が荒れれば人心も荒れる。

### 八州廻りと二足のワラジ

こうした治安の乱れをおさえるため、幕府は一種のパトロール警察制をしいた。関東取締出役《しゅつやく》すなわち「八州廻り」である。

明治に生き残った役人が、次のような談話をのこしており、「八州廻り」のできるまでのいきさつが窺われる。

「たしか寛政から享和の間で、野州(上州)に山口鉄五郎という御代官があって、自分の管轄内で悪事をしたものが他領へ逃げこみ、また他領の悪者もこちらへ逃げこんだりして、どうしても捕縛することができぬ。他領へ入ったものを縛せぬのは、一応その領主へ照会しなければならぬからで、またこちらへも先方から照会してこなければならぬ。そのうちに悪人はどこかへ逐電してしまう。すべて芝居や何かでも禁じてあるのですが、双方の管轄地の中央へ来て興行する。それを制することができませぬ。……そのころ評定所組頭に羽田藤左衛門という人があって、それを聞き、これは棄ておかれぬというので評議にかけ、初めて関東取締出役ができたということであります。……出役はその御領私領の差別なく踏みこんで、どこででも悪者を捕縛できるというのであります」（旧東京帝国大学史談会編『旧事諮問録』一九六五）

取締出役の人数は八人。これだけでは関東全域をカバーできないので、〝道案内〟を用いた。これは各村の惣代が選出したもので、一村につき一―三名であった。『諮問録』では次のような質疑応答の個所がある。

「○　そのようなことで、博徒などの子分をたくさん持っておる者を、制することができましょうか。

◎　それがよくしたもので、そういう者に選ばれる者に堅気の者はいない。あの人は篤実だという人では、こちらから頼んでも、慄《ふる》えて逃げてしまいますが、そこはジャの道はへビとか、どうしてもその道の、少しは博徒の中に顔の売れた者でなければいけませぬ」

要するに「二足のワラジ」という密偵政策であって、彼らがまた子分をつれて、敵対する同業者の逮捕に協力した。文化十一年（一八一四）三月には、二十余人をあげた記録がある。

この密偵（目あかし）連中は、表向き役人の威をふるい、裏にまわってはあいかわらず博徒として領民の富をしぼりとった。この弊を知っても、幕府は知らん顔をしていた。八州取締出役の給料は官費であったが、それ以外の費用はいっさい領民の負担であって、これは幕府財政の窮乏によるのである。

博徒を逮捕するごとに費用がかさむ。逮捕したところで「百叩き」ぐらいのところであって、泥棒に追銭とはこのことだった。

自然、人民は非協力的になり、博徒はいよいよ大手をふった。一時は人民の負担を軽くするような「改革」が行なわれたこともあるが、手直しというにすぎず、圧政と懐柔の二面運用より必然的に招来された権力の頽廃は、ついに行きつくところまで行ったわけである。

## 5　賭博の定義と分類

### 遊戯か闘争か

ここでわれわれは、具体的に近世以降の賭博の諸相にふれる順序となったが、そのまえに賭博の概念を整理しておく必要がある。経験的に、ひとつひとつの例に即して頭に思い浮べることはできても、改めて賭博とは何かを問われると説明に苦しむであろう。むろん、ここで触れようとしているのは賭博の定義に関してであって、さきにふれたような人間文化の総体としての性格を指すのではない。したがって、これにより賭博への認識が深まるというのではなく、さまざまな解釈の併存、疑問の所在を明らかにすることで満足せねばならない。

――賭博の定義については、ほとんど明白なようでいて実は一定した解釈がない。財物を賭けてする遊戯といい、あるいは単に物を賭けて勝負を争うことという。これらの解釈は誤りではなく、辞典の解説としては十分であるが、定義としては不完全である。

まず、賭博は遊戯であるのか、それとも闘争であるのか、またはそれ以外の何かであるのかという、根本的な疑問がある。

賭博は見方によって、それらの要素をすべて備えていると考えられる。なかんずく、みせ物としてのスポーツが勃興していらい、競技との対比において観察される傾向も生まれた。熟練、計算、力量によって勝敗を決すべきものが競技であり、それ以外の要素、すなわち偶然の機会によって決するものが賭博であるとするのである。しかし、競技者の実力が伯仲し、それに対する期待が過重になってくると、心理的なコンディションという、とらえがたい要因が介在してくる。競技の反覆によって実力の真価は現われるとしても、一回限りの勝負においては、かけひきや乾坤一擲の投機性が現われざるを得ない。

賭博の方よりすれば、サイコロ賭博は例外として、発達したゲーム方式にはいずれも熟練、計算、力量が左右する。せいぜい程度の差があるだけで、競技との本質的な差異はないことになる。一つの競技を第三者として見物する者が、その勝敗に賭けるという行為は賭博と言い得るけれども、競技の観賞じたいが一つの積極的行為として認識されつつある今日にあっては、合理的態度に基づく計算の成果を、ただちに偶然の余得と言いきるには抵抗があろう。

そこで「折衷説」ともいうべきものがあらわれる。つまり、贈与、交換、盗奪の各分子を多少ずつ包含し、たがいにあい類似してみえるもの（W・マッケンジー『賭博倫理説』）と考えるのである。贈与と盗奪が並行しているというのは、「移転贈与」である。相互の代償を前提とせず、また慈恵のためでもなく、ただ分割したものを取ることになる。ただし、競技者双方間に一定の契約は存在する。この面より見れば交換であろう。

折衷説には接近法の概念が含まれている。賭博とは何かを決定するのでなく、類似の行為についてその側面的要素を積み重ね、大まかなアウトラインをもって賭博を定義づけようとする。これは賭博が社会生活の中に深く浸透してしまった現代にあっては、かなり現実的な考え方ともいえよう。

しかし、見方をかえれば、このように境界のあいまいな賭博の性格を、じゅうぶんに盛りこんだ定義もありうる。それは必ずしも困難ではない。

「賭博とは、二人以上の〈参加者〉が、ルール〈既知〉、結果〈未定〉にして、ある一定〈期間〉内に勝敗の決すべき〈事象〉を手がかりに、一定方式に従い醵《きょしゅつ》出され、かつ〈参加者〉に共通である価値の帰趨を、広く競技的方法により決するところの、合意の略奪闘争である」

主旨はいうまでもなく「合意の略奪闘争」にある。競技は方法、ないし手段にすぎない。この場合、競技の結果を左右するものは結果〈未定〉の事象であって、この方は賭博における第一手段というべきものであろう。

賭博が人類社会の各段階において要求されるさまざまの機能を具えつつ、しかも一貫してその底に保ってきた特性は略奪闘争ということである。これが賭博を賭博たらしめているゆえんのものである。「賭ける」という言葉の本質的な内容なのである。

これに反し、賭博が手段ではなく、それじたいが目的であるとする考え方には大きな疑問がある。その場合にはある特殊の限定条件が付されねばならないからである。一例として、平安貴族や近世の旦那衆のごとき、生活に不安のない階級の「遊芸」であるとか、あるいは一般的に病的な愛好者というものを想定するほかはない。エドモンド・バーグラー（心理学者）は、賭博者を一種の神経病者であるとして、その熱中性・忘我性を病理学的に定義づけようと試みた（『賭博者の心理』一九三四）。要するに賭博常習者が求める唯一の価値はスリルであって、これは神経病の昂進状態と同一のものであると考える。ゆえに、この態度は限定的な場合にすぎないのである。

このように考えてくると、われわれが「賭ける」という行為に対して懐いている観念も、時代や社会環境の枠の中での、一つの恣意的な解釈というにすぎないことが明瞭となる。社会秩序への反逆、必然性への挑戦などという意義づけは、人生観ないし哲学の問題ならいざ知らず、賭博じたいの本質にふれたものではありえないのである。

ドストエフスキーは『賭博者』（一八六六）の中で次のように言う。

「紳士は勝負を単に娯しみ・好奇心・チャンス・計画のためであるという顔をしなければならない。胴元の基礎なり骨組となっている物欲や手段としてのワナなどは、存在していることすら疑ってはいけない」（米川正夫訳、傍点筆者）

どっこいどっこい
（伊藤晴雨『江戸と東京風俗野史』）

このころ（慶応二年、一八六六）、わが国では小型ルーレットたる「どっこいどっこい」の全盛期であったが、むろん紳士階級などというものはなく、盤上に注がれる老若男女の眼は「物欲」に輝いていた。したがって、賭博に奇妙な人生観を付会しようというような、思考的頽廃も生じる余地がなかった。

## 危険な時代

以上の考察から、定義における「二人以上の参加者」の真意も了解されよう。おのれ個人を投企するなら「一人」でも可能である。しかし、この場合は運だめし、占いのような、一つの境地であって、「行為」ではない。奪いかつ奪われる対等の競争者があってこそ、賭博は成立するのである。

その競争者の間には、たとえ最少にしても「合意」が存在していなければならない。そうでなければ強奪である。合意あるがゆえに、略奪は平和的かつ連続的に進行する。

次に醸出される「価値」であるが、これは単に交換価値のある財物の総称にとどまらず、無形の労役、肉体的サービスも考えられる。一般には「参加者に共通の関心」ある金品であるが、これも状況によって関心の範囲が異なる。牢獄におけるタバコ、紙、食物の例にてらしても明らかであろう。

その「価値」は競技の形をとっている以上、醸出に一定の方式がある。たとえば「丁半」において、丁半どちらか一方が不均等であるとき、中盆《なかぼん》は「やすめを売る」などの手段により均等にせねばならない。

次に賭博の手段（てがかり）としての「事象」であるが、このような漠然とした語を選んだ理由として、手段がきわめて多種多様であるということがいえる。

刑法第百八十五、六条においては、賭博を博戯と賭事に分類している。前者はゲーム形式のもの一般、後者は単純なアテもの類から社会現象、自然現象に関する賭けを指す。あるいは、前者が競技者の技巧に頼るもの、後者が偶然の結果に依存するものという見方も成立するが、ともかくその境界はきわめて不分明なものがある。こまかに分類する意味もないのでこれらを総称して「事象」という。

かりに賭具をとってみても、サイコロ、カルタはいうまでもなく、動物（馬、犬、鶏）からごくありふれた日用品のたぐいまでが用いられる。草バクチにおける鎌、玉おきに用いられるソロバン、本バクチにおける書物[1]などが好例である（宮武外骨『賭博史』）。自然現象では、明日の天気などというタアイのないものしかみあたらぬが、社会現象の方は無尽蔵である。交通事故の死亡者数、株価、戦争の勝敗、選挙の当落その他、現代の社会機構は賭博の対象になりやすく、かつ「ふさわしい」要素を多く含んでいる。

次に一つの事象が競技者に与えられるとき、そのいかなる面を勝負の対象とするのか、あらかじめ明確にしておかねばならない。これが「ルール既知」の意味である。これに反して「結果」は「未定」でなくてはならない（不定であっては賭博の対象にならぬことはいうまでもない）。

この結果に到達する過程に偶然（チャンス）が介在してくる。しかし、競技者はよくいわれるようにその偶然のみに賭けるというのではなく、偶然の中にある法則に賭けるのである。サイコロの目にも確率はある。丁半の二つのサイコロの合計は、偶数十二通り、奇数九通りの計二十一通りである。賭けとは換言すればこの確率に対する期待にほかならない。

最後に、その期待は一定期間内に充足されねばならない。その長短は、競技者の求める心理的緊張を左右する。一般的に、機能的に細分化された社会は、日常感覚の中に於て、行為の具体的な成果を測ることが困難である。賭博はその欲求不満をみたすものとして、人心をひきつけることになる。このような社会にあっては、賭博も即決性のものが好まれる。例えば宝くじにおいても、発売何カ月後抽せんというものではなく、スピードくじなどが喜ばれる。しかし、極端な例を別としても、職業的賭博者は実益の観点から、ファンは刺激性を追求するという目的から、この即決性は欠くことのできぬ条件となりつつある。社会事象に関して、現代のような性格の社会にあっては建設的な事象に賭けようとすれば長期不定となり、破壊的な事象に賭けようとすれば即決となる傾向がある。まことにおそるべき状況であって、この点からも現代は賭博社会ということができる。

(1) 草バクチ——刈りとった草を積み重ね、その中に葛などで作った輪を入れ、鎌を突き入れてその所在を探りあてた者を勝とする。農村賭博。

玉おき——ソロバンの玉をかくして上げておき、その上に紙をのせて丁半をあてさせるもの。相場師の賭博。

本バクチ——厚い書物の間に板紙をはさみ、その丁半をあてるもの。書籍商の賭博。

## 射倖賭博・技巧賭博

賭博の分類について、ざっと述べておこう。

まず、前述のように博戯と賭事に分類できる。これは勝負決定の手がかりを基準とした分類法である。賭具の形態上から分類すれば、次の三種となる。

サイ…双六、丁半など

牌……カルタ、花札、麻雀など

くじ…富くじ、宝くじ、宝引《ほうびき》など

これには多くの例外があって、必ずしも決定的な分類は困難である。賭具の意味を広義に解釈すると、牛、馬、鶏などの動物から身のまわり品、ひいては自然・社会事象までがふくまれることになるのは、すでに説いたところである。

そこで、競技（ゲーム）賭博と事象賭博にわける方法が考えられる。これは矛盾がないけれども、漠然としすぎてあまり意味のない分類といえよう。

次に勝負の相手によって分けることもできる。

胴親対張子｛胴親も損失を蒙る可能性あるもの（チョボ、大目小目、カブ、花札類）
胴親は損失を蒙らないもの（富くじ類、競馬・競輪）

張子対張子　丁半、六短、ケコロ、六百間など

テラ銭の出所は、胴親のいる場合はその負担となり、他の場合は勝った者が支払う。この分類は「チーハー」の性格を知るうえに重要な意味をもってくる。これに関しては別項（第三章　明治賭博史）にゆずるが、海外にあっても「ロッテリー」の名で総称される宝く

じに類似の私営賭博について、その公営賭博との本質的相違に論及したものは、寡聞にして知らない。

——以上の分類のほか、本書ではとくに射倖（僥倖）賭博と技巧（智能）賭博という分け方を重視する。一口にいって、これは賭博の発達史を象徴し、かつ一定の社会意識の進化過程を反映するものだからである。この分類は相対的なものであって、具体的な競技名をあげることは意味がない。花札とサイを比較した場合、後者は僥倖賭博であるが、チーハーに比すれば合理的な法則性に立っている。すなわち、ゲームの法則でいう「人的手番」の余地が現われる。そのことは明治期の「チイッパ」によくみることができる。このように一つの賭博形式にも、射倖—技巧の進化過程がみられるのである。

# 第二章　近世賭博要覧

# 1 開帳

## 盆ござへ桜散りしく御殿山

賭場のしつらえ方とルールの大要をのべて、以下競技の説明にそなえることとしよう。大綱はむかしもいまも変らない。賭博は保守的なものだ。

まず、サイコロ賭博の場合には、盆（あるいは盆胡座《ござ》）をつくることが必要だ。簡単なものはゴザだけを用いるが、本式には敷ブトンを何枚か並べ、上を木綿で覆い、動かぬように鋲《びょう》でとめる。あるいは畳を並べて鎹《かすがい》で止める。三間つないだものが「三間盆」である。盆はまた開帳の場所、権利を意味することもある。

この盆のうえに賭金を張るので、坐るのではない。「丁半」の場合は六八頁図のように、丁座・半座が向いあわせになる。

開帳のあいさつには親分がまかり出る。一名を貸元というが、これは現実に金融業者のような役割をはたしていたからで、張子は賭銭に困ると彼に借金を申しこむ。勝てばテラ銭、負ければ「ホシ」（借り）となって決済せぬかぎりは賭場に出入りできない。

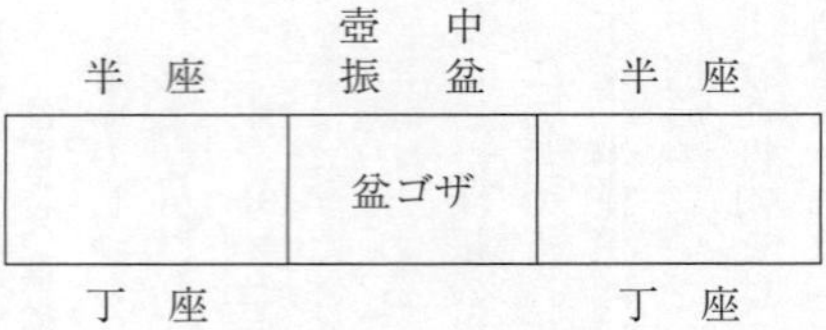


ところで、親分はあいさつだけでひっこむが、あとは中盆《なかぼん》にまかせられる。その重要な役目は壺フリに命じて壺をふらせること、賭銭の額をすばやく計算し、丁半などの場合には額が均等になるようあっせんすることだ。機敏にできなければ、盆クラといわれる。それから「勝負！」とさけんで壺を開けさせる。勝者に利益を分配する。むろん、ドサクサにまぎれて適当にごまかすこともやる。

この「勝負！」のあとでも、なんらかの不都合があれば勝負を中止できるし、張子の意思による脱退も自由である（ただし、丁半の一変型たる「四三」「四六」のばあいは例外で、その理由はのちに述べる）。

ときによると中盆は壺フリの役まで兼ねることがあるが、大勝負（金張り、銀張り）では機能が分化している。小規模のものでは「廻り胴」といって、賭客が順にふるのである。

このように、中盆は形の上では一座の支配人格であるため、とくに胴元（胴親、筒取）というが、チョボ、チイッパ、天災、オイチョカブなどの場合は張子と張子の勝負のため、胴元の名は形式的なものとなる。（2　江戸サイコロ賭博参照）したがって、これらの賭博の場合、検挙者の中に「開帳罪」に問われる者はないことになる。

もうひとつ注意すべきは、胴親対張子の競技が原則として、各人の賭金が不定であるのに反し、張子対張子の場合は均一でなければならぬことである。そうでなければ、かりに胴元となった者の危険負担が、あまりに大きくなるからである。

### 西の町江戸をくらった胴が見え

つぎに「胴」という言葉がある。これは胴元の出資総額をいうので、胴まえ十万円、五十万円というように表現する。この胴まえの金額以下で勝負するのが、ふつうのとりきめで、支払能力があれば上まわってもよい。胴まえの資金が底をつけば「胴つぶれ」、他の者に替ることを「胴まわり」、だれも替り手がなくなれば「胴おち」である。

胴つぶれのさいは、直ちに胴親は引退するが、天災、オイチョカブでは一回だけ、胴まえなしで延長できる。

このように胴は重要な役目をもっているので、危険負担を軽くするよう、いろいろな措置が講ぜられている。第一に「カキ目」といって、一定の目が出た場合に賭銭の全部または一部を没収できる。第二に「笑い」といって、やはり特別な目の出たとき、本来なら胴親の負けにもかかわらず、勝ちあるいは引き分けとするのである。この例は「キツネチョボ」や「ヨイド」「チイッパ」などにある。

次に、賭場につきもののテラ銭だ。おもにサイコロ賭博に付随するが、オイチョカブ、アトサキ、六短などにもある。開帳者（親分）のとる手数料だが、賭客に対する安全、保証金の意味もある。元来、寺社が賭場を提供していた時のなごりであるといい、またドテラ、テテラ（褌）の転訛ともいうが、はっきりしない。

テラ銭を出す役は、胴親対張子の賭博においては胴親が、張子どうしの場合においてはその勝者とする。その割合は賭博の種類によって一定ではない。しかし、開帳まえに協定があり、勝負の経過中に積みたてていくのがふつうである。これが中デラというもので、第一回の始め、または第二―三回の終りに協定額の五―六パーセントを積む。そのあとで胴つぶれとなったら、それ以上支払う必要はない。

花札の「八十八」の場合、テラ銭といわずに「オテン」という。ときには部屋代、電気代、茶菓代を称していう場合もある。天災では「出方」という。

テラ銭とよく似た言葉に「カスリ」がある。これは直接の子分以外の者が、親分にワタリをつけて縄ばり内で開帳する場合の権利金だ。テラ銭より大きな収入になるので、いずれの博徒も縄ばりの確保には血まなこになる。

ついでに「コク」という概念であるが、これは隠居した親分に対して、現役の親分が贈与するボーナスである。ゆえに、「コク」をとっても主催者ではないので開帳罪にまきこまれることはない。そのせいかどの親分も、さかんに隠居を自称するのである。

以上、賭場の組織について、人間関係をタテワリにしてみると、隠居―親分―子分となるが、その子分も勢力あるものは分家（下部屋）をもっている。中堅クラスが中盆をつとめ、下っぱの子分は見張りや客引き専門である。

# 2 江戸サイコロ賭博

## 小人閑居してやたら伏せたがり

サイコロ賭博において、まず必要なのがサイコロと壺皿（あるいは壺ザル）である。

サイコロは正しくはサイ（釆）である。賽、角子、骰子、博歯、骨子、杯なども書く。目の位置は、一天地六南三北四東五西二といって、向いあう数の合計が七である。「一の谷、六の方から坂おとし」などといって、六を裏の意味に洒落ることもできる。目のうち方も、三の場合は⚂、二の場合は⚁というぐあいに向きがちがうのが本来だが、現代のサイは必ずしもこの原則にしたがっていない。

サイの大きさは、六・二五分（約一・八九センチ）より二分（約〇・六センチ）にいたるまでの十九種、材料は木、ベッコウ、象牙、骨材であった。

一方、壺皿は双六に用いた筒より進化したもので、籐《とう》の一重編み、内底には半円形のパッキングがつけてある。これはサイを投げ入れた場合、目の位置を不定にして、イカサマを防止するためだ。

大きさは多種多様である。サイコロとのバランスが適当でないと、イカサマを容易にする。ともあれ、偶然を争うサイコロ賭博にあって、細工をほどこそうとすればまず壺皿である。ゆえに古来より無数のイカサマ壺が発明されているのである(11 手目《詐欺》賭博参照)。

壺皿(右より籐製、木製〔詐欺用〕、皮革製、麻雀用)
(尾佐竹猛『賭博と掏摸の研究』)

### 丁半とその変型

「丁か半か」といえば、「吉か兇か」の意味をもふくんでいる。一から六までの目を偶奇二様の属性に分類してしまう知恵は、考えてみると古代的な幼稚さがある。だが、この賭博が案出されたのは江戸時代であり、子供の遊戯にまで浸透していた。

この丁半には他のサイコロ賭博にない特徴がある。張子どうしが勝負を争うこと、加入者の数に制限がないことである。

壺皿一、サイコロ二個を用意、盆をへだてて丁・半あい対して坐り、中盆の指図で壺ふりが二個のサイコロを伏せる。出目の合計が偶数ならば「丁」の勝ち、奇数ならば「半」の勝ちである。勝者は利益金の四パーセントをテラ銭として親に支払う。

丁と半の確率は、同一（五〇対五〇）でないと賭けの意味が成り立たないわけだが、戦前までは「九半十二丁」といって、丁のほうが二割方有利とされていた。これは誤りだが、まじめに半側に不利とならないよう、調整規定が設けられていた。「ゾロ」といって、二個の目がそろった場合には、テラ銭は一〇パーセント徴収される。これでは丁側に不利となるので、「ビリ」というルールを設け、三組の半に限り一〇パーセントを徴収した。

このように細かな配慮をしながら、じつは確率論の上では簡単に丁半が五〇対五〇となる。だいたい二個のサイコロを振って出る目は、「偶数＋偶数＝偶数」「奇数＋奇数＝偶数」「偶数＋奇数＝奇数」「奇数＋偶数＝奇数」にきまっており、ここで「奇数＋偶数」と「偶数＋奇数」を混同しない限り、偶奇出現の確率は五〇％となる。

勝負というものはおかしなもので、確率上やや不利な方が敗れるとはきまっていない。要はそのときにしたがって、丁半いずれにつくかを選択する「カン」である。

なお⚃⚀の場合に胴元が勝者に対して賭金の半分しか支払わないものを四一半《しいっぱん》、⚀⚅、⚁⚄、⚂⚃のときに同じ方式をとるものを七半《ななはん》といい、壺を使わずに行なうものを投げ丁半という。

おなじ丁半でも、胴親と張子が直接勝負するのが「四三」「四六」である。胴親が壺ふりを兼ね、たとえば丁一万円、半五千円のところで、「半」の目がでれば、親は勝った者に五千円だけ支払って、丁の一万円はサッサと没収するという、ドライな方式である。ゆえにこの賭博は、賭銭が丁半均一でなくてもよい。

親のカキ目は⚃⚂と⚃⚅で、この目が出たら、丁も半も賭銭の半額しか得られない。「四三」「四六」はこのように親になる者が有利なので、いかなる事情があろうとも勝負を中止することができない。一方張子には、「丁半」の場合同様に脱退自由の原則をみとめて利益を保護しているのである。

### チョボ一

サイコロ一個の競技で、一から六までの数字を白紙もしくは地面に記し、張子が好むところへ賭けさせてから壺をふる。図の数字とサイコロの目の一致したものが勝である。それ以外の者は賭金を没収される。張子の人数は不定である。

各数字に均等に賭金が張られるとすれば、胴親は五つ分の賭金を没収、うち一つ分を自分のものにし、四つ分を勝者に支払うのである。やや複雑になると⚄⚁の目（グニ）の場合は賭金の五パーセントだけ払いもどし、⚃⚂（シソウ）と⚀⚅（ピンロク）の場合は四パーセントだけ払い戻す。

チョボ一は現在でもそのまま、あるいは賭金の五十パーセントだけを支払う「五割」という形で生きのこっているが、「おか取り」という方式は江戸特有のものらしい。

当時の文献『博奕仕方』（刊年未詳）によると、胴元が壺をふせて「今度は⚂がでるな」と思ったら、その目を張子の一人に売る。買い手をおか取りというのであるが、もし実際に⚂が出れば、おか取りが胴親にかわって一同に利益金を支払わねばならない。そのかわり反対の場合には、⚂に張られた賭金はすべて自分のものになり、勝者への利益金はふつうのやり方と同様、胴元が払ってくれる。現実には銭何百文と制限をつけて行なわれたようである。

### キツネチョボ

チョボ一と同類だが、サイを三つ用い、三個所に張る。うち一つにあたれば賭金の倍額、二個のときは三倍、三個あたれば「突破」「追目」といって四倍を得る。この倍率はときによって一定ではないが、チョボ一の場合と同じく、胴元に損はないようになっている。カキ目は⚃⚄⚀（シグイチ）と⚂⚁⚅（サンニロク）で、全額没収である。

こんなぐあいで、ルールは簡単のようだが、実戦上うっかりすると化かされるので、キツネの異名がある。

もうひとつやや簡便な「ウサギ」という方法がある。サイ二つを用いて行なう。⚀⚅、⚁⚄、⚂⚃がカキ目、⚁⚅が笑いである。

## 四《し》下《した》、緩急

チョボ一の目紙を一から四までの四コマにへらして行なうもの。サイは二個である。合計数が五以上のときは四あるいはその倍数をひく。⚃⚄のときには八を引いて⚀とみるがごときである。あたれば倍額の利益、はずれれば没収である。

この賭博で奇妙なことは、「一」が不利なことである。いま全二十一スジのうち、⚀が四回、⚁は六回、⚂が五回、⚃が六回出ることになる(1)。つまり⚀が不利であるにかかわらず、カキ目や笑いがないのである。

緩急とは、おなじくチョボ一の目紙から「一」を消し、サイ二個の合計で勝負するもの。ただし⚄⚄、⚄⚅の場合は五をマイナスし、⚅⚅のときは十を引いて⚁と見たてる。合計数が十一のときに十を引かず、五を引いて⚅を得るために、この賭博には「一」が不要なのである。

スジとしては⚁が五通り、他は各四通りとなるのでだいたい確率は平均する。⚀⚅がカキ目である。

(1)
1—1…2
1—2…3
1—3…4
1—4…1
1—5…2
1—6…3
2—2…4
2—3…1
2—4…2
2—5…3
2—6…4
3—3…2
3—4…3
3—5…4
3—6…1
4—4…4
4—5…1
4—6…2
5—5…2
5—6…3
6—6…4

### ヨイド

チョボ一に碁石を用いてやや複雑化したものが「ヨイド」である。

張子は自分の座のまえに碁石四個ずつを置く。この石には役がついており、左から十、四九、八、七で「十四九《トッシク》、八七《ハチビリ》」と称する。このそれぞれの石のまえに金を賭ける。四人勝負なら、計十六個所に賭銭がならぶわけだ。

胴元はサイ三つをふって、たとえば⚂⚁⚄と出た場合、合計の十をこの勝負のカキ目として、各人とも十の位に張ったと同額の利益金をもらえる。同様に⚄⚄⚃のばあい、合計の十四は「四」となって、左から二番目の四九の位に張ったと同額の利益金を得る。各石の役は図のとおり。

胴元が損をするようだが、合計五十六のスジのうち、カキ目（この場合「ヨイ」）が十一、笑いが二つもある。約五分の一は胴元に没収される目が出てくる。すなわち、

⚀⚁⚂（異名なし）

⚄⚃⚁（グシニ）

⚃⚀⚅（シッチ六）

⚂⚁⚅（サンニ六）

⚃⚃⚂（シシケン）

⚄⚄⚀（五ゾロのピン、天下一のヨイ）

⚄⚄⚅（五ゾロノ六）
⚁⚁⚁（二ゾロノトッパ）
⚀⚀⚃（ピンピンシ）
⚅⚅⚃（六ゾロノ四）
⚂⚂⚄（ササ五ノヨイ）

以上の十一が「ヨイ」で、合計数は六、十一あるいは十六となる。

笑いは次の二つである。

⚃⚄⚀（シグ一）
⚃⚂⚀（シソウピン）

なお、江戸時代にあっては三采目の五十六通りについてすべて異名がついていた。たとえば、ここに記した⚄⚃⚁（グシニ）を、ウシにひかれて「善光寺」としゃれたようなぐあいである。次頁に主なものを掲げる。いずれもユーモアが横溢している（⚂⚁の目の向きがちがうのは、半転させたもの）。

○—七…7・12・17
○—八…3・8・13・18
○＜九…9／四…4・14
○—十…5・10・15

ヨイドの役

## オッチョコ、サイ本びき

これは「ヨイド」の碁石のかわりにカブ（または花）札の一から六までを用い、そのう

| | |
|---|---|
| ⚀⚃⚀ お寺のコタツ | ⚅⚁⚀ 雨ふりの洗たく |
| ⚀⚂⚄ 供　侍 | ⚅⚀⚂ 青　田 |
| ⚄⚄⚄ オオカミの足 | ⚂⚅⚂ 番町侍 |
| ⚀⚄⚀ 花　車 | ⚀⚀⚀ 三日ぼうず |
| ⚁⚃⚁ 割重箱 | ⚃⚃⚃ 神田のまとい |
| ⚂⚂⚂ さざなみ | ⚀⚅⚀ カ　ゴ |
| ⚅⚄⚅ 大振そで | ⚀⚅⚄ セガレ |

ち四枚を選んで他から見えぬよう伏せ、賭金を張る。四人で勝負するが、札を伏せる趣向がスリルを誘発する。主として京都で行なわれた。

ヨイドそのものを、さらに複雑怪奇にしたのが「チイッパ」だが、これは明治の発明であるから、後に詳しく説明する。

**大目小目、ピンころがし**

大目小目とは、サイ一個または三個を用い、⚀⚁⚂を小目、それより大きい目を大目として、張子は大小いずれかに賭ける。いうなれば丁半を大小にかえたものである。三つサイの場合は六または十二を切りすてて計算したのであろう。

ピンころがし（ピンきり）は、大目小目において⚀の目が出たとき、胴親のカキ目とする方式である。または、同一の金額を張った張子どうしが順にサイをふり、一（ピン）が出たとき賭銭の全額を得るやり方という。現代では後者をさすことが多いようである。

## 3　江戸カルタ賭博

### カルタ流行時代

町の特権商人、村の新興商人に経済の主導権が移るにつれ、前時代の文化遺産も彼らの好む色合いに染めかえられていく。

賭博の世界においても同じことがいえた。貴族趣味・教養を前提とする「貝合わせ」は、いわゆる町人階級にとっては無縁に近いもので、彼らは天正カルタの純ゲーム的要素に魅せられ、やがて「うんすんカルタ」への改良に進むことになる。とりのこされた貝合わせは、賭博とは無縁の「歌カルタ」となって、わずかに中古のみやびを伝えていくだけとなる。

——天正カルタは、天文《てんぶん》年間いらい、対ポルトガル貿易によって伝来した原始的トランプを、日本式に改良したもので、最初の一枚に「天正金入極上仕上」とあるところから、この名がついている。

それでは輸入当時のカルタはどうであったかといえば、どうもはっきりした記録がない。

ただ枚数が四十八枚であったことは確実であって、当時のヨーロッパ・カルタの意匠を模した、南蛮趣味横溢のものであったことが推定される。あらゆる輸入賭博の例にもれず、このカルタもまた上流階級を通じて漸次市民の間に浸透した。その間ほぼ半世紀、寛永(一六二四―四四)中期より京都から流行がはじまり、江戸第一期のカルタ流行時代をつくる。

これが禁じられて約半世紀、ふたたび意匠を新たにして登場したのが「うんすんカルタ」であった。

### うんすんカルタ

「うんすんカルタ」の役はつぎのとおりである(図参照=清水晴風・西沢笛畝篇『うなゐの友』明治四十四年、一九一一)。

＊「うん」…五枚。大黒の図(右上)が「ハウ(棍棒)のうん」、だるま(左上)が「クル(ともえ)のうん」、以下同様に布袋《ほてい》(右下)が「コッフ(酒盃)」、えびす(真中)が「オウル(貨幣袋)」、寿老(左下)が「イス(剣)」の札である。

＊「すん」…五枚。唐人の坐像で、紋は同じ。

＊「そうた」…五枚。なんとも奇怪な人物が描かれているが、これは女王である。ヒゲをはやしたのは日本人のまちがい。これも五種ある。

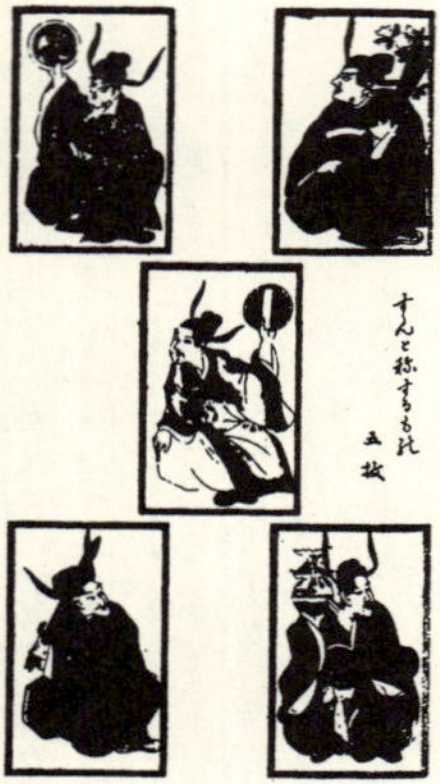


「すん」5枚

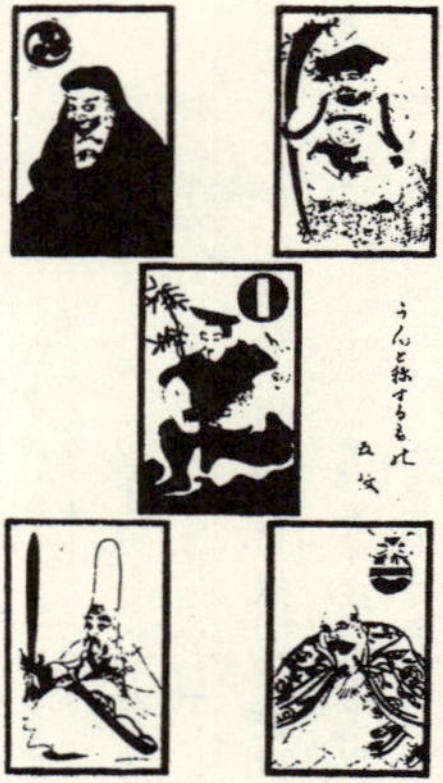


「うん」5枚

「ろはい」5枚

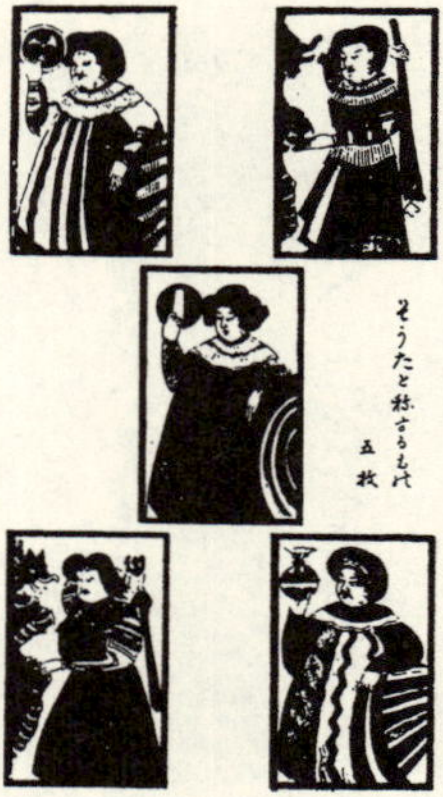


「そうた」5枚

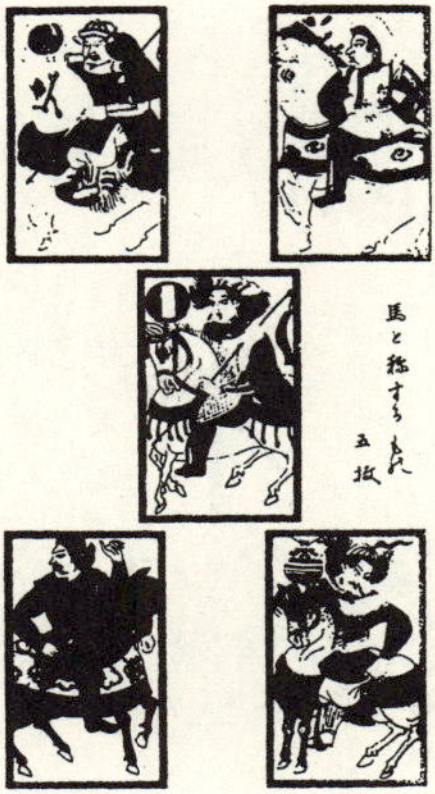


「うま」5枚

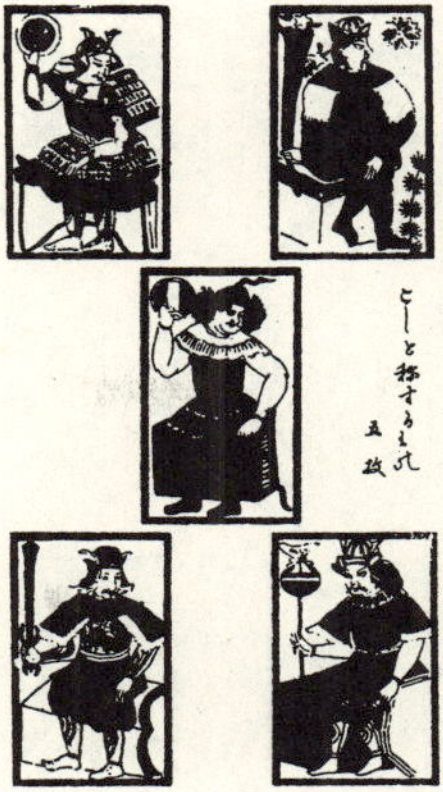


「こし」5枚

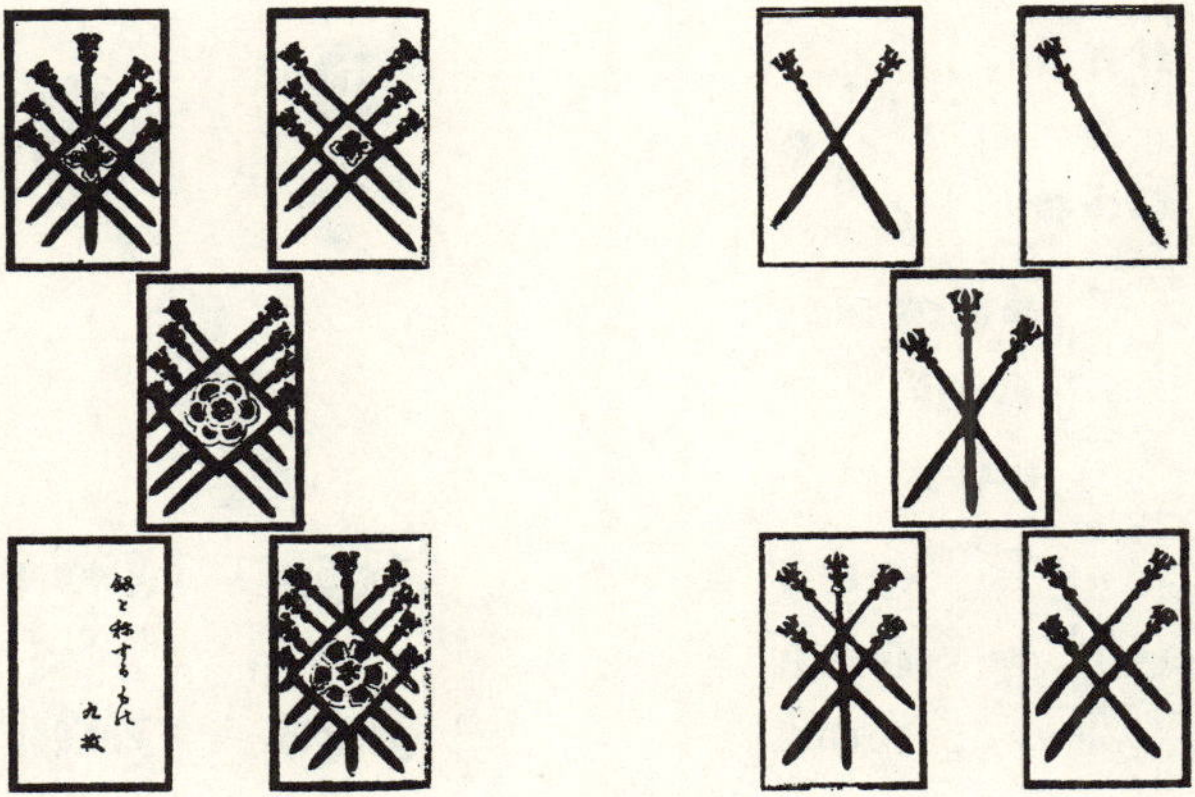


「イス」9枚

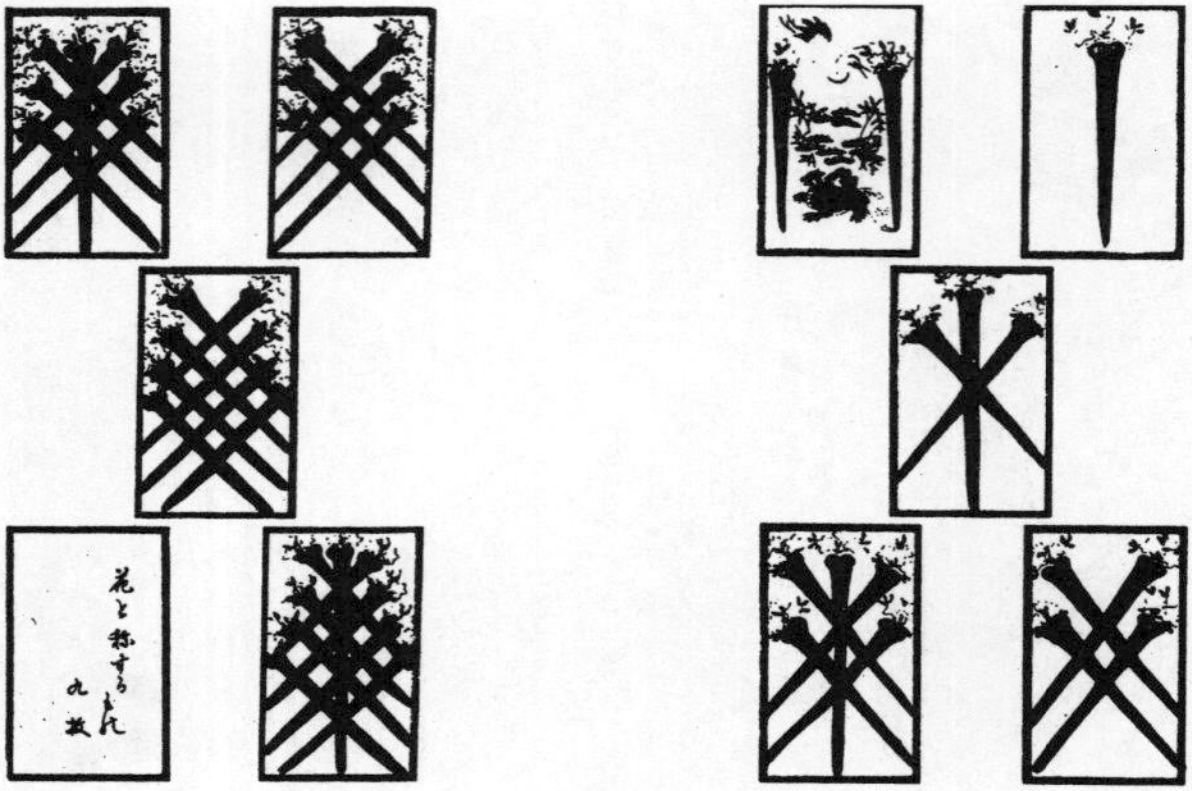


「ハウ」9枚

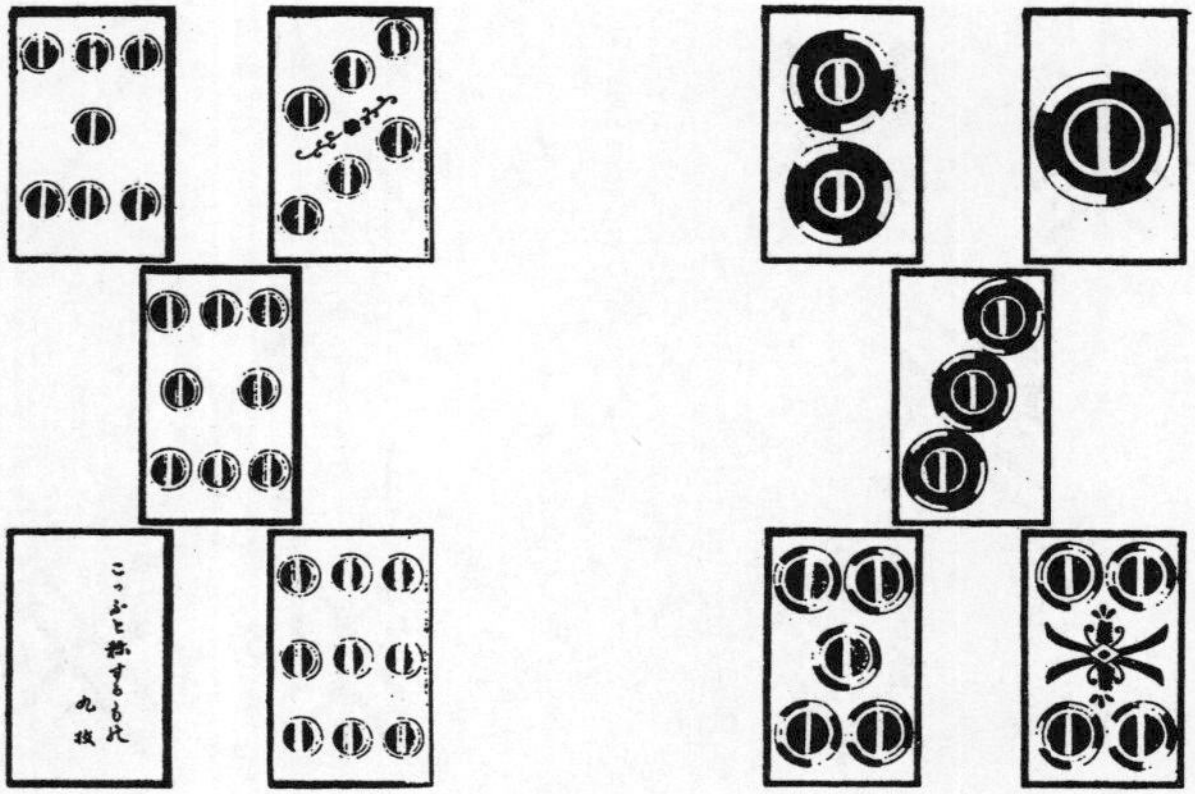


「コッフ」9枚

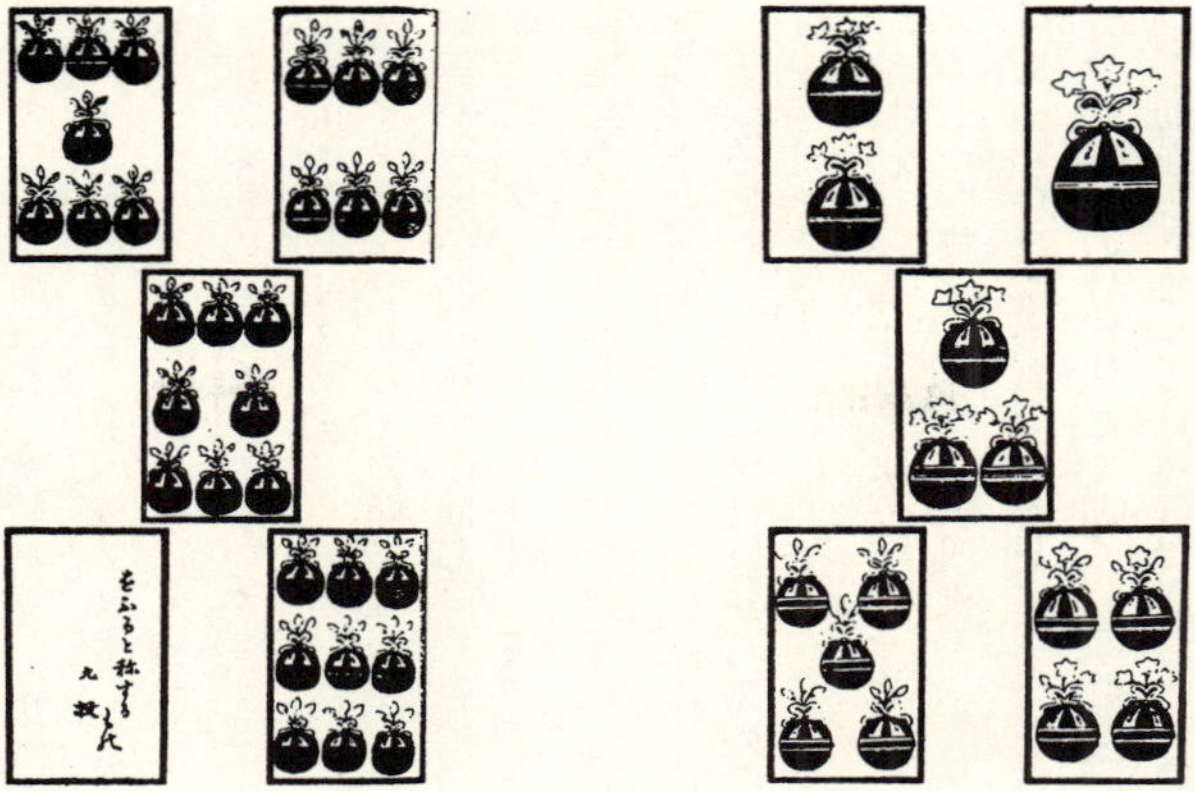


「オウル」9枚

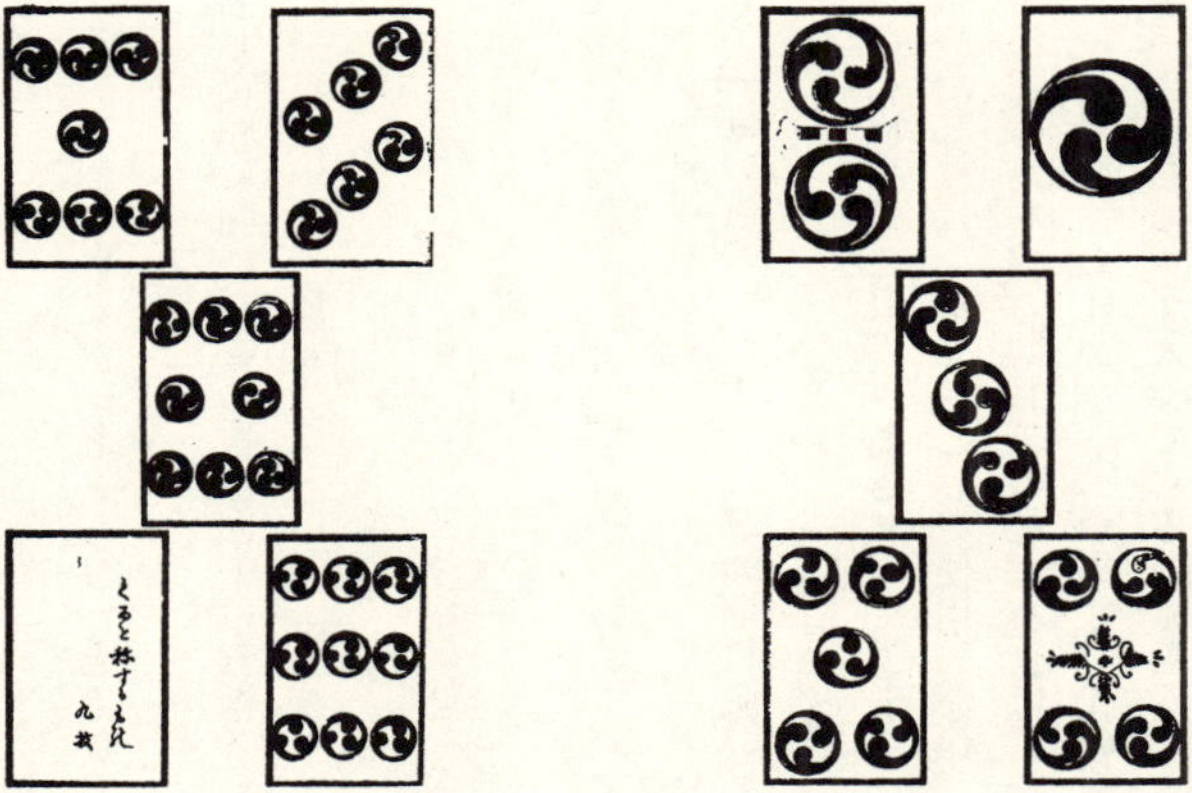


「クル」9枚

＊「ろはい」…五枚。竜である。「虫」と俗称した。
＊「こし」…五枚。国王であるが、おかしなよろいを着ている。一名「キリ」ともいった。
＊「うま」…五枚。
以上六種の絵札を紋標といって、ここに配列した順に強い。この紋標の下に五種各九枚ずつの数標がしたがう。
＊「イス」…9から1の順に強い。
＊「ハウ」一名「花」…同じ。
＊「コップ」…1から9の順に強い。
＊「オウル」…同じ。
＊「クル」…同じ。

要するに「長いもの」は9から1の順に強く、「丸いもの」が1から9の順に強いのである。

競技法は、七十五枚より一枚を抜いて座の真中に出す。これが「置き札」である。のこりの七十四枚を三人に二十四枚ずつ配り、あまった二枚は「捨て」として使用しない。めいめいは配られた札を見て、さきほど座中に出した一枚と同じ紋の札があれば、それだけを取りのけ、伏せておく。これが勝負にさいして最強の札となる。つまり、札の強弱は最初からきまっているのだが、一勝負ごとに「ききもの」が入ってくるのである。

打つ順は、「ハウのうん」（別名アザ）あるいは「ハウのろはい」もしくは置き札の紋の「ろはい」を持っている者から始める。他の二人はそれより弱い札を各一枚ずつ出す。いよいよ本勝負開始で、一番の者は座に出た三枚のうち一枚を、自分の所持する同紋で、それより強い札を重ねて取得する。強い札がないときは手札を出しっぱなしにする。場札がなくなったときは次の番の者が手札を出す。

こうして一番多く札を取得した者を勝とするのである。スペインのオンブル（Hombre）というトランプ遊びに、酷似しているという。おそらくこれが出所であろう。

## 第二期天正カルタ

安永・天明年間（一七七二―八九）は、江戸のカルタ流行の第三期にあたる。天明の飢饉、田沼の失政など社会不安の襲った時期であり、士風は頽廃、特権商人はおごりを極めた。賭博時代の再開である。

このときサイコロ賭博とならんで、カルタの新しい様式が求められた。旧時代の「うんすんカルタ」に準拠しながら、それに当世風な刺激を盛りこんだものに改良したのである。

けっきょく、札の構成を簡易にするため、うんすんカルタの「オウル」「コップ」「イス」「ハウ」の四種にかぎり、しかも各十二枚としたのである。この場合、「ろはい」を1とし、2以下9までは数標をそのまま、10には「うん」、11は「うま」、12は「こし」をあてる。他に鬼札（ババ）が一枚ある。1をピン（またはムシ）、12をキリと称した。いうまでもなく「ピンからキリ」までの語源である。

このカルタの遊び方は「読み」といわれる方式で普及した。「ハウ」十二枚を除いた残り三十六枚に鬼札を一枚加え、四人に九枚ずつ配り、余った一枚は死札として使用しない。打ち方は、紋を無視し、数の順に場に捨てていくだけである。鬼札は該当の数がなかった場合に、代用札として一回限り使用できる。早く手札を出し切ったものが勝であるが、打ち止めの札が五下（五以下）であれば何文、六以上であれば何文というように賭銭がさだめられた。

要するに「うんすん」を原型とし、ややスピーディにしたものと思えばよく、札の図柄にもかなりの変化があった。「ハウ」は棍棒でなく、太い青線に替えて「青札」と称し、「イス」の剣は赤色の線として「赤札」になった。「コップ」は当時の人々に、まさかギヤマンの酒壺とは思われなかったので、いつしか太鼓に変ってしまった。

### 「めくり」「カブ」その他

それはともかく、この「読み」はすこし単純すぎるというので、ほぼ二十年を経て寛政（一七八九―一八〇一）ごろ「めくり」「カブ」「きんご」が盛んになった。

まず「めくり」であるが、大綱は現在の花札における「八十八」に流れこんでいる。詳説を要しないこととは思うが、札の構成、役その他に独自な点もあるので、参考のため略説しておく。

青札には最高の点数があたえられる。1を「アザ」、2を「青二」、以下「青三」から「青五」までを各五十点、「青六」は六十点、「青七」「青八」は二十点、「青九」より「青十二」までは各五十点である。

赤札は、2の札を「唇の二」という陳腐なる想像力から出た名称にして〇点（スベタ）をあたえ、その他を十点ずつとする。

めくり（『鹿の巻筆』貞享三年版）

太鼓は2が五十点、オウルは2（海《え》老《び》二）が十点、あとはみな〇点である。
札は三人あるいは四人に七枚ずつ配り、残りは場に伏せる。まず四人の場合は悪い配札をうけた一人がおりて、その札を場札の上に重ねる。実質的な競技は三人で行なわれる。
各人は順に持札と場札の数を合わせて取得していく。たとえば1は1でないと取ることができない。けっきょく点数の多い札を多くとったものが勝となるが、特に二つの役を定めて高点をあたえている。

青蔵…青二、青十、アザの三枚（百五十点）

下三…アザ、青二、青三（準最高点）

次に「きんご」（近世かぶ）であるが、根本は「めくり」の原理とかわらない。四十八枚中より、「うま」「キリ」の八枚すべてを除いて四十枚とする。人数には制限なく、一人一枚ずつ配り、残りは場に伏せて順に一枚ずつ取得していく。親は最後にとる。十五またはそれに近い点数に達したものを勝とする。1—9の二枚に、あと5が欲しいところへ6を引けば、「十六のバレ」といって負けとなる。

テクニック上の興味としては、十五という総計数が比較的出やすいからといって、早まって十四で勝負に出ると失敗する。そこで十四は「かこい」と称して伏せてしまう。十四匁《もんめ》の遊女を「かこい」というのは、ここから出ている。

のちに鬼札を一枚加え、これに十五点をあたえるようになった。賭銭を勝負ごとに倍額を張っておき、三回連勝したものが全額とる方法が案出された。いわゆる「どさり」である。

「カブ」の場合も大差はないが、ただ引き札二枚限り。十以上の点数が出れば、十を減じて計算する。最高点が九となることはいうまでもない。カキ目は9—1（九ッピン）、4—1（四ッピン）の二つで、賭銭は没収である。

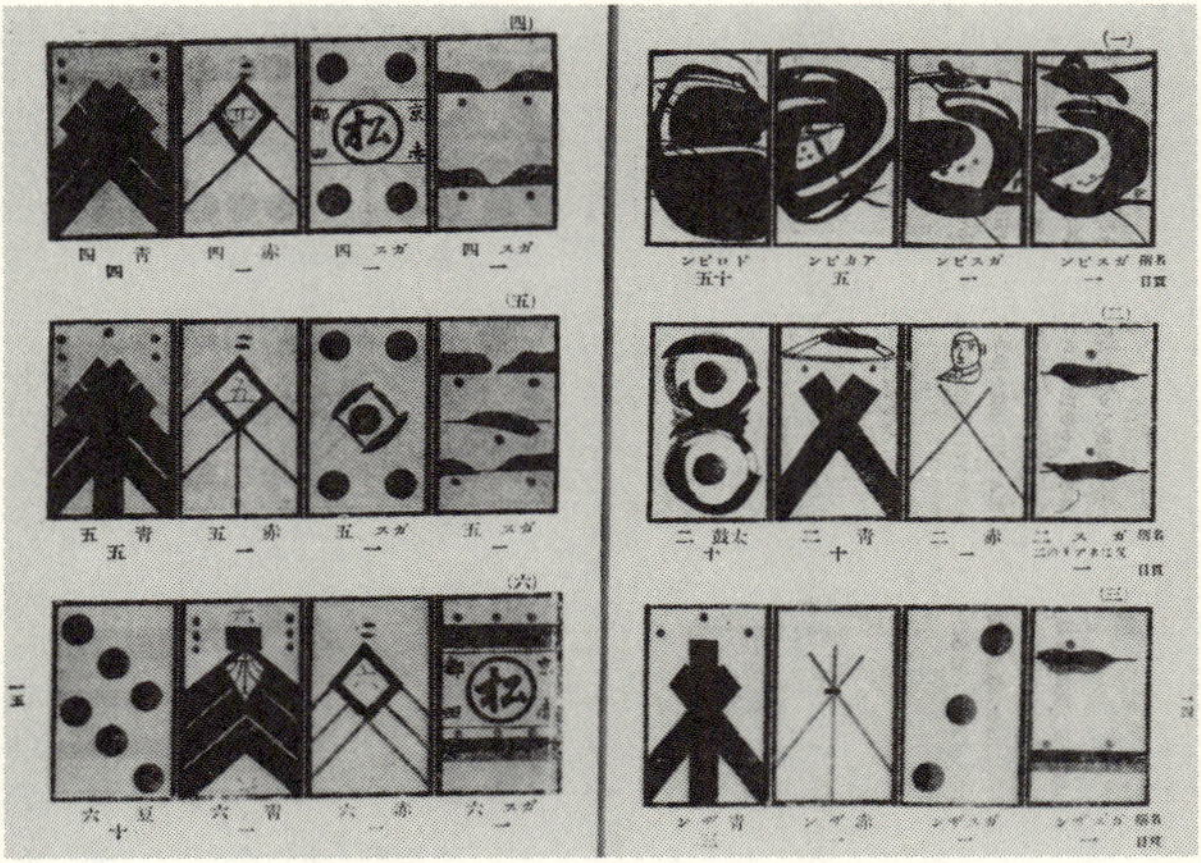

名古屋のテンショ札（『司法資料』第121号）

関西ではカブ専用の札が発達し、関東ではめくり札を代用した。この節約主義は花札になってからも同じで、雨と桐を除いた四十枚で行なう。「きんご」の形態は昭和初期まで岐阜・三重方面にのこっていたという。そのころ名古屋の「テンショ札」（一名「金吾の札」）には、めくりカルタの意匠が残っていた。ここにその一部を掲げておく。

**うたカルタ、その他**

「うたカルタ」とは百人一首の意味だが、寛政期にカルタ禁止があって以来、賭博カルタとして使用された。

うたの方を伏せて並べ、上句を読むのに従い、該当の札を多くとった者が勝である。「むべ山」という方式も考案された。札を四人に二十六枚ずつ配り、各人とも座のまえに並べる。一段目一枚、二段目四枚、三段目を六枚、四段目七枚、五段目八枚と並べておく。一段目の一枚は「隠し」といって伏せておく。

読み手が上の句を読むと、各人は自札の中より該当のものだけを伏せていき、早く全部伏せた者が勝となる。一段目の隠し札が一番早く出た者に銭二百文、二段目のときが何文というように利益金を出す。同様に「月・雪・花」の札が出ても価値がある。ただし「むべ山風をあらしといふらむ」の札が出たら、他の者に月雪花があっても、一文もやらないというとりきめがある。

このように、元来遊戯専用のカルタが賭具と化した例として、もうひとつ「道才カルタ」がある。一種のたとえカルタで、たとえば「すっぽん」と記した裏面に「月」の絵があって、同時に銭五文などとしてある。これがどんなルールで用いられたかは不明だが、明治になってからも兵庫地方に残存していた。

## 4 花合わせ（花札）

### 法網をくぐって

「めくりカルタ」が厳禁されてからも、日本人は一度おぼえたカルタの味を忘れられなかった。文化・文政期に入ると、一見遊戯用としか見えぬ意匠にかくれて、ふたたび賭博カルタが出現してきた。これが「花合わせ」である。

すなわち文化八年（一八一一）、松前に幽閉されたロシアの海軍軍人V・M・ゴローニン（一七七六―一八三一）は、その『日本幽囚記』（一八一六）の中で次のように述べている。「日本ではカルタと将棋は非常に広く行なわれていて、金をかけるのが好きで、よく素裸になるまで負けることがある。日本人にこの遊びを教えたのはオランダのマドロスであった。昔、オランダ人は長崎に来航し、チャブ屋や娼家に遊んだからである。カルタは洋名のまま普及し、五十二枚から成っていたが、この遊びでよくケンカが起り、自殺事件もあったため禁止となった。そこで日本人は法網をくぐるために四十八枚の花札を考案した。これは大きさが西洋のカルタの四分の一ぐらいで、いたるところで使用されている」（井

上満訳、第八章)

## 禁圧による国粋化

要するに、十二の数を四季の「花鳥風月」になぞらえ、最小限度必要な点数は短冊の中に書きこむなど、苦心さんたんたる工夫をこらしたものだが、この考案は画期的なものだった。外国直輸入のバタくさい図案や、それの抽象化の場合と異なり、きわめて日本人の感覚に適したデザインが好感を招いた。ひいては賭博本能を刺激し、より複雑なゲームの考案を導いたといえる。

祖型が禁止によって国粋化することにより、狡智の度を加えるという現象は、なにも花札に限ったことではない。

この競技の基本は「八十八」であるが、他のヴァリエイションとともに明治賭博史の章で詳説する。ここでは補足的なことを二、三つけくわえるに止める。

初期の札には、擬装として古歌が添えられていた。例、藤「わがやどの池の藤なみさきにけり山ほととぎすいつかきなかむ」、カキツバタ「唐衣きつつなれにしつましあればはるばるきぬるたびをしぞおもふ」。

それから、花札は江戸より京都の方が盛んであった。米・船問屋の集中する高瀬川一帯にさかんで、その中の内浜というところに製造元があった。ほかにも和紙の産地に近いこと、台紙に用いる糊の中に粒子のこまかな土を入れるのだが、それには京都地方の土が適していることなどの理由があった。

## 5 富《とみ》突《つき》

### ああ欲しいなあ百両に人だかり

富突とは、いわば江戸の宝くじだ。富くじ、百人講、千部(人)会《え》、あるいは単に富といった。抽せん札を富札という。

木札(桐製)と紙札が一対。木札が原牌《もとふだ》、紙札が影牌《かげふだ》である。その数はおよそ一千組。影牌一枚のお代は五、六匁。

期限つきで売りだし、抽せん日になると原牌を銭ビツのような木箱に入れる。箱には穴があり、そこから長いキリで原牌を突いて引き出す。一番より百番まで、それぞれ等級をつけて賞金を出すという仕組だ。

では、『江戸繁昌記』(一八三二―三六)などの記事をもとに、文政から天保期の典型的な富場風景を再現してみよう。

――谷中《やなか》の感応寺、目黒の泰叡山、湯島の天神、この三カ所が大江戸の三富といって天下に鳴りひびいている。富突の日ともなれば、広い境内も善男善女の群で立錐の余地もなく、懐中を気にしながら押しあい、へしあい。人いきれの間をぬって、カン高い番号占いの呼び声がひびきわたる。

本堂には「富」と大書した箱をデンと据え、正面に手すりをめぐらしている。

しわくちゃの婆さんが、札をにぎりしめ昂奮した声で、

「先月は二分と半になったわい、このぶんじゃと年のくれにゃあ、金に翼おい出るこっちゃ」

感応寺の富突（『江戸名所百人一首』）

とわめく。こちらでは、周囲の熱狂につられて、その場で割増のついた札を買う者がある。

「ここは高えな。椙森《すぎのもり》の方では二朱で百両があたるからなあ」

女郎を身うけするのに、ただ懐中の札一枚が頼りという兄いがいる。みな早くも自分だけに当ったような気分でいる。

定刻、役人の護衛つきで点検使（寺社奉行）、読役、木札数え役、木札読役、書記役、富箱振り役などが麻裃を着込んで登場。そのあとへ突役の坊主四、五人、一同所定の位置にかしこまる。左右には町の名主が控え、さ

らにそのわきに火消し連中が目をひからせている。わずかなインターバル――。

「ドーン」

太鼓の合図よろしく、しずしずと住職が現われ、正面に着座するや、まずはありがたい大般若経を一席。群衆はじりじりしながら聞いている。

これがようやく終るや、箱振り役がガラガラと原牌をぶちまけ、トントンと箱の底をたたき、点検役が札を改めるのを待って、もとのように箱におさめる。

と、目かくしされた坊主が立ちあがり、箱のところまで歩み寄ると、長いキリを両手に拝み持つ。一瞬、お経のあいだも大さわぎだった境内もシーンとしずまる。

「トン！」

富札をついた音、キリが持ちあがる。その先に付いてきた一枚の木札を読役が恭々しく取りはずす。

「一の富、鶴の五百三番！」

どっという喚声。静まれ、の怒声。まさに本堂も揺れんばかり。

つづいてまた一突き。

「二の富、松の二百二十六番！」

以下順に三の富、四の富と所定の当せん番号をきめる。十番ごとに箱振り役がのこりの牌をまぜ直す。

九十九の番号はまたたく間にきまって、いよいよ最後が「突きどめ」。一の富につぐ高額が出るとあって、群衆はもういちど生唾をのむ。

だが最後の機会も千余のためいきとともに去る。いつのまにやら奉行も坊主連中も席を立ってしまい、見物も悲喜こもごもの情をいだいて帰っていく。

にこついて一人か二人富場を出る

――いまや、はずれ籤の散らばった境内には犬の子一匹なく、「ただ誘うものは松の梢の風のみになんありける」。

### 世は欲の入れ札にしあわせ

富突そのものの起源はあいまいで、一書に宝永三年（一七〇六）夏ごろ近畿に流行しはじめたとある。参加者は白紙に好みの文字を記して入札したようで、たとえば「おばばこたつへ」（あたるのしゃれ）などと書いたのを突役が読みあげて賞金を渡した。

わずかにさかのぼった元禄五年（一六九二）に「とみつき講」禁令が出ているので、要するに十七世紀末から十八世紀初頭にかけて始まったものであろう。

だが、富突の母胎が、中世いらい定型化された頼母子《たのもし》と無尽《むじん》であったことは明らかだ。この二つは現在では同一のものとみられているが、鎌倉時代は別のものだった。前者が質物をとらないのに対し、後者が質屋の貸付金であった点に相違がある。

しかし、頼母子の方も契約違反者が続出してくると担保をとるようになり、こうなれば質物借金と同じであるところから、やがて両者は同一概念のものと見られるにいたった。名称としては、頼母子が関東に用いられ、無尽は関西の用語であった。

このように相互金融的な組織も後代にいたると賭博化し、一回ごとの入札、取退、解散という「取退無尽《とりのき》」を案出せしめた。一名「とみつき講」といい、元禄・宝永・正徳といった十八世紀初頭において、たびたび禁令が出されている。

札をキリで突く方式は、賭博と直接関係のない寺社行事より発している。やはり同じころ、箕面弁財天や京都東山の弁天堂、勝尾寺などで信仰札の販売手段として用いられていた。いわゆる縁起富突である。

取退無尽と縁起富突が合して、いま問題とする富突が完成したのであるが、ここにいたる過渡的形態として、もう一つ「天狗頼母子」がある。

西鶴『本朝二十不孝』巻三（貞享三年、一六八六）にあらわれる金利生活者、八五郎は、欲心のあまりカルタに凝り、一門より見すてられる。おちぶれて街道ばたへ出て「渋紙を敷きて曲物《わげもの》（円形の器）に一から十五までの木札を入れ、右の手に錐を持ちて天狗頼もしと名づけ、道行く人をたらし……おろかなる人の銭を取りて仕合わせなれば」とある。

其磧の『風流曲三味線』（宝永三年、一七〇六）にも、大道に渋紙やムシロを敷いて同じ方法で行なう描写があり、このころに盛んであったことがわかる。

大道賭博だけでなく、西鶴『日本永代蔵』巻一（貞享五年、一六八八）にみられるように、困窮者を救済する目的で行なわれることがあった。この場合フィクションとしても、銀四匁で三千枚入札し、銀十二貫目をもうけたというのだから、当時の盛行を反映していると思われる。

**感応寺つきべりがまず二割たち**

幕府の財政逼迫により、援助をアテにできなくなった寺社が修繕費をひねりだすために、富突興行を企てた。最初しぶっていた幕府も背に腹はかえられず、ついに享保十五年（一七三〇）五月、京都仁和寺に「御免富」を許可した。ただし開催場所は江戸護国寺という。

天狗頼母子講
（乙州『それぞれ草』享保四年）

元来、厳重な国禁である賭博行為を幕府みずから許可したのだから、これは画期的な事件で、わが国における実質的公営賭博の起源といえる。

許可の条件はきびしく、場所、月日、仕法、札数、札印、札料、当選本数および賞金額支払方法、それに広告の方法まで検討のうえ実施させたのである。

まず札数だが、初期は入札者の数だけ札を発行する「入れ札」形式がとられた。しかし、主催者の所期の目的たる利潤確定には、一定枚数を売り切らねばならない。つまり、企業としての賭博に徹せねばならない。と同時に、手順としても合理的な木札と紙札の分離が案出された。木札は長さおよそ五センチ、幅一センチ、厚さ〇・三センチの桐製、紙札はヴァラエティに富んでおり、最大が縦二十・五、横十五・五センチ、最小が縦十三・二、横四・二センチというものがあった。

次に枚数だが、これも万単位、十万単位とあり、平均して文政末年には三万枚ほども売られていた。こんな大量枚数をすべて一つの箱には収めきれないので、必要に応じて分散した。

また一連番号だと整理に不便なので、札印をつけて分類した。宝くじのアルファベットのように、江戸の富くじは松竹梅、十二支、いろは、春夏秋冬、智仁勇などの付号（図案・文字）を用いた。

文化六年（一八〇九）の『東海道中膝栗毛』第八編には、大坂見物の弥次喜多が横堀通で偶然に富くじを拾う。座摩神社の勧化《かんげ》富で、八拾八番とある。境内へ行くと、いま抽選が終ったところで、「一の富八十八番」とある。百両の大あたりだ。

「口上、当日ことのほか混雑仕り候につき、当り札の御方、明日四ツ時金子《きんす》お渡し申すべく候以上、月日、世話人」

とあるので、両名は翌日富会所に出なおしてくる。二十畳ばかりの座敷へ通され、酒料理をふるまわれたあと、神主と講中世話人があいさつにまかりでる。百両は、若衆が二朱銀を三宝ふたつにつみあげたものを捧げ持ってくる。すっかり有頂天になっている弥次喜多に、講中は、

「ときにお願いがございます。当社ごらんのとおり大破につきまして、再建のため興行いたした富にございますれば、おあたりなされたお方へはどなたへもお願い申して、百両のうち十両寄進におつき申してお貰い申しますさかい、あなた方もさようなされてくださりませ」

「ハイ〳〵」

「まだほかにお願いがございますわいな。これもすべてさようにいたします。金子五両、世話やきどもへ御祝儀といたしてお貰い申しとうございます」

「ハイ〳〵」

「まだひとつございますわいな。いま五両、あと札をお買いなされてくださりませ」

「ハイ〳〵」

富札当選の知らせ
（『絵本池の蛙』延享二年）

「さよなら百両のうち二十両引きまして、お渡し申しますさかい、これでよござりますかいな」

弥次喜多はハイ〳〵と承知して札を出す。ひとめ見て講中はびっくり、

「モシ、札はこればかりかいな」

「ハイ、そればっかりさ」

「コリャちがうたわいな、十二支《えと》がちがうたわいな。一の富は子《ね》の八十八番、こなたさん方の持てごんしたのは亥の八十八番じゃわいな」

かような次第で、「とっとと出ていなしゃれ」と追い出される。文中、二割差し引かれるのを「突き減り」というが、長々と引用したのは当時の当選者の処遇がよく出ていると思われるからである。直接当選者の住居へ賞金をかつぎこむ例もあった。一〇五頁の図は興福寺の一の富にあたった人の家へ、上下《かみしも》姿の使者が訪れた珍景である。

弥次喜多の例は気のどくだが、多くは印ちがい(残念賞)として五分の一ぐらいの当り金を出した。

賞金の最高額は百両から三百両どまり。一千両という例はまれであった。下限は一分から二分。

札料は初期と後期について大きく異なるが、最盛期には一枚十二匁(興福寺の京都興行)という例がある。このときの一の富は百貫文、倍率にして八千三百倍となる。

谷中感応寺の定めは簡単なので、一例を掲げる。札数三千枚、単価二朱である。

一の富　金百両
二の富　金二十両
三の富　金十両
花　金二分宛
十番目ふし　金五両宛
五十番ふし　金二十五両
百番留　金五十両

ふしというのは五番目とか十番目のように、きりのよい数で、ここでは十番目ごとに五両ずつ出すことになっている。花というのは、ふしと大あたりくじを除いたもので、この場合まず四番から九番までにあたる。「平」「間々」ともいった。
煩雑な例になると印ちがいの前後を「両袖」としたり、十二支の場合に当りくじより数えて七番目を「エト七つめ」として優遇したものもある。このようにして、突数は一定（百回）でも当りくじを増加させ、売上枚数の増加にともなう当せん比率の低下をカモフラージュした形跡がある。

## 民の僥倖を好む、国の害なり

「富にあたり候えば、車にて銭を引きこみ候につき、人柄をいたし候者は外聞を欠き候由」（『親子草』寛政九年、一七九七）とあるように、外聞を気にする階級は富札を買うのを遠慮した。この伝統は明治に及び、富豪の息子が富札を買ったと新聞に書きたてられ、大きな訂正広告まで出して自己弁護につとめた例もある。

要するに富くじは中流以下の庶民の夢であった。彼らは早朝から札売所に列をつくり、奪いとるように買った。この人気に乗じて、公定札料は三、四倍に騰貴し、大坂には専業の富札屋が成立した。それまでは茶屋のアルバイトにすぎなかったのである。

文政末期には御免富の数が二十、全興行回数は年間百二十回におよんだ。かくては富もささやかな夢などというものではなくなり、一つの社会悪と化した。

興行主の方でも、全枚数が売れなかった場合、売上高に応じて賞金を割引くなどの手段に出た。いったいどれくらいの利益があがったかというと、前例、感応寺の場合、十番以上のあたりくじだけで十三本、計二百四十五両の出費である。これに花の八十七本、計四十三両二分を加えた総計二百八十八両二分が支出となる。総売上は二朱（〇・一二五両）の三千倍だから、三百七十五両。荒利益は八十六両八分である。これでは興行費、役人へのワイロなどを四、五十両見込んだあと、いくらも純益が出ない。おそらく、残り札をあたりくじに加えるなどの操作を行なっていたものと推定される。

貧乏寺であれば、興行そのものがおぼつかないので、ブローカーより借金した。これが「富師」である。

公営賭博には大きな弊害がつきものである。享和より文政にかけて「蔭富《かげとみ》」という付随賭博があらわれた。どこの一の富は何番か、丁か半か、千台か二千台かというような賭けをやり、いくばくかの金銭をやりとりする。この目的のために瓦版の速報屋まで出現した。「おはなし、おはなし」と叫んで市中を売り歩いたので、一枚四文であった。

富突の弊、ここにきわまったので、ついに天保十三年（一八四二）三月八日、水野越前守は富興行のいっさいを禁止してしまった。もっともその後といえども、各藩が講や無尽の名にかくれて行なった例は散見するが、公営としては復活されなかった。

富札売り（『絵本池の蛙』延享二年）

幕末にいたって、慶応二年（一八六六）冬、江戸は牛島蓮華寺、茅場町薬師堂ほか数カ所において、無免許の富突を行なった記録がある。「寺社御奉行より捕捉の小吏、急卒《にわか》にここに向かい、群衆の男女をおしわけて場主を捕えられたり。これに驚き、僥倖覬覦《きゆ》の小人、おのおの逃げ去らんとして、あやまって畝中にころがり落ち、泥にまみれ、あるいは巷に立ちし商人がヤカンの類をくつがえし、熱湯ほとばしりてヤケドに悩みしやからもあり」云々とある（『武江年表』）。

## 6 文芸賭博

### ことばいよいよ卑しくなれり

文芸的教養の幅がせまく、話題が共通し、かつそのレベルも一定であった時代には、これをもとに賭博を行なうことも可能だった。

元禄(一六八八―一七〇四)ごろより、雑俳修養の一形式として「前句付《まえくづけ》」が発生したが、これは下の句の出題に対して集まった上の句を採点、賞品を出すというものだった。参加料は十六銅。いまだ懸賞の段階であった。

例としては、「においこそすれ〳〵」と出題があれば、上の句に「なろうなら井戸のを打ってもらいたい」などとつける。これで打ち水の情景になる。

「やすいことかな〳〵」には「一文で思いのままに辛がらせ」とやる。コショウのことだ。

「切りたくもあり切りたくもなし」「盗人をとらえてみればわが子なり」

「石にふとんは着せられもせず」「孝行のしたい時分に親はなし」

といった人口に膾炙《かいしゃ》した名作は、じつに前句付から出た。この形式がのちに川柳となって独立したのである。

ところが、同時に、はじめの五文字を出して下の句をつけさせる「冠付《かむりづけ》」という方式も発生していた。

「となりから」「酔う紅梅の垣根ごし」

「いますこし」「花盗人のみじかい手」

「てんでんに」「うちの恋しき雨やどり」

といったユーモアが喜ばれたのである。

太宰春台（一六八〇―一七四七）の『独語』に、

「かくいやしきわざになりぬれば、下部《しもべ》のわらは、げすまでも俳諧といふことを知りて、笠付してほうびとらんとするほどに、詞いよいよ卑しくなれり。宝永のころより、冠の五文字を三つ出だして、三つの冠に、各七文字五文字を付けさせて、勝負を分くることあり。これを三笠付という。これいよいよ博奕に近し」

とある。芸術の大衆化現象が質的低下を必ず招くというのだろう。しかし、伝統の文芸はすでに創造の源泉がまったく枯渇していた。新たな担い手と目される民衆には、いまだ文化的蓄積が乏しかった。このような過渡期にあって、たとえ雑俳にしろ前句付にしろ、民衆に自らの創造力、表現力を発見させた功績は大きいといわねばならない。

## ここにいたりてはまさしく博奕

原則論はさておき、春台の憂鬱はある意味では正しかったのである。彼は続けて言う。「その後五文字の冠をも出ださず、下の七文字五文字の詞をもやめて、ただ数の文字を封じて、外よりこの数をはかりて札を入れて、その数のあたれるを勝として、金銀をとらすることとなりぬ。ここにいたりてはまさしく博奕なれども、もとの名を有して、なお三笠付といふ」

これは「懐紙」と称し、巻紙の中に小野道風以下の和歌三首を書き、それぞれに一、十一、十五などという勝手なナンバーを付けて封をする。一方で、一より二十一までの数字を記した目紙に賭けさせる。三つあたれば一両、二つあたれば何文というので、「毎日〳〵、入れかへ〳〵、諸人《もろびと》身上減るゆゑをもって難儀におよぶ」という事態になった。

### 徳用にあいなり申し候

賭博となれば話は早い。あの手この手が現われた。「三笠一句」と称し、三句以上十句以下に賭け、あたれば百文以上になる方式も出た。賭銭は賭け数に比例して高額となる。

また「朱丸本くじ」といって、二十一文字を七字ずつ三段に記した「マキ」を作る。

い　ち　よ
ろ　り　た
は　ぬ　れ
に　る　そ
ほ　を　つ
へ　わ　ね
と　か　な

このうち上中下各段より一字ずつ選んで朱印をおし、封印して会主に保管する。張子はこの三組の文字を当てるのである。二十一の総組合せ数は三百四十三。当る方がふしぎであったが、一見容易にみえるのがこの賭博のミソなのであった。

三句組合せ（別名つまみ）は賭銭一文、三句当れば六百文、二句なら七文。これがむずかしくなって四句（四ぐる）となると、賭銭四文で当り七百文、次点十四文。ついには五ぐるというものが現われた。賭銭十文、当り六百文、次点二十一文である。

三笠付の最も発達したものが「棒引」である。これは当りそうな句に四口も五口も張りこむ方法が考えだされた。例えば四、五、八、十、二十一の五つの数字が当ると思ったら十文払って賭けたうえ、さらにその中でも五が強いと思えば、これに好きなだけ増金をつける。

この棒引料は一つ一文だから、つごう五文。当れば一つ六百文の割で合計三貫文になる。

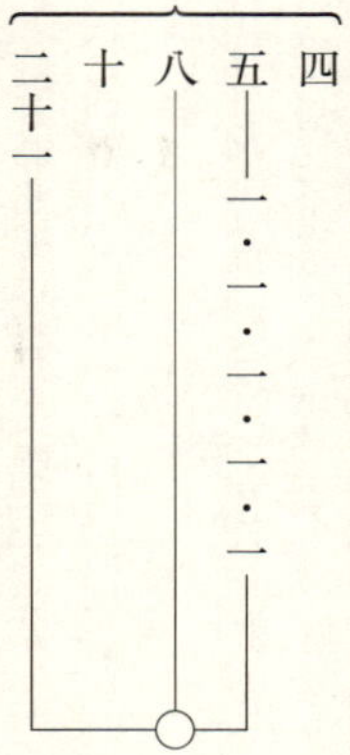


縦線は、八、二十一にも一口ずつ賭けたという例である。

この賭博はかなり組織化されており、張子の家をまわって付銭を集め、百文につき十文ずつの報酬をもらう「句ひろい」がいた。担当の応募者から当りが出ると、同じ割合で祝儀をもらった。くじの売れ方しだいでは茶代（ボーナス）も受けとったというから、「徳用にあいなり申し候」である。

検査役は「とう判つき」、会主を点者といった。名まえだけはていさいをつくっているが、開封のさいにイカサマをやる者が多く、これを手目《しゅもく》三笠といった。まともにやっていたら、千句売れても諸式差引で、二百二十文ほどしか残らなかったのである。

## 死よりも強きものは

三笠付ほど賭博化はしなかったが、享保十年（一七二五）ごろ、「もじり」といって点者の下句五文字を、次の者が上句にすえて一首つくる方法があみだされた。享保年間には「なぞつけ」といって現今の「物は付け」と同じものが流行した。参加料十文、一等一貫文であった。

赤いものは　親のゆずりの黒小袖
黒いものは　田舎ものの綿ぼうし
四角なものは　豆腐の耳
車でするものは　文七元結《ぶんしちもっとい》の尺八の音色

など、こったものが現われたが、三年ほどして禁止された。

亜流はともかく、三笠付は正徳年間よりたびたび禁令が出され、ついに享保十一年（一七二六）にいたって、当人は流罪または死罪、家主・五人組も連罪という厳しいものになった。だが文化年間になっても「五文字」「折句」「千句会」などの名で生きのこり、この日本人好みの賭博は容易に絶滅しなかったのである。(1)

近代にいたって、さすがに復活はしなかったにしても、募集の方法その他営業形態はそのまま「チーハー」に継承された。

（1）このとき巻添えをくった「地口付」という競技があった。点者より題も出さず、参加者が思いつきを記して提出する。点者は採点のうえ、たばこ入れなどの賞品を出したという。要領を得ないが、手数料の名目で賭銭をとったので、賭博類似行為とみなされたのであろう。

# 7　ゼニとクジ

## 悪鋳の弊

幕府は財政状態の悪化により、元禄以降貨幣の悪鋳をくり返し、民間における貨幣価値を大きく下落させた。文政元年（一八一八）より天保八年（一八三七）までに発行された貨幣は金貨九種、銀貨五種だが、銭貨としての天保通宝など相場は額面の八割以下であった。想像力の足りない人のことを「天保銭」といったほどだ。

鉄銭にいたっては、鉄の上澄（ズク）を用いて製造したから、たちまち錆びたり砕けたりした。保存には油樽へ入れておくよりしかたがなかった。

民衆の貨幣に対する観念は変化した。取りあつかいが粗雑になった。金・銀貨となれば別物であったが、それは彼らに無縁のものであった。

貨幣そのものが賭具となったのは、文政・天保・安政など改鋳断行のとき以来である。これが一般にひろく行なわれたのは、簡便であること、時と場所に制約されぬことなどの理由のほかに、小銭博奕はいくら嵩が張っても罪が軽かったためである。金銀であれば、たとえ小粒であっても金張り・銀張りとして大博奕として罪に問われた。金高より貨幣の種類が問題にされたので、これらは家康いらい、貨幣によって分限を立てようとした幕府の政策の余弊であろう（三田村鳶魚『通貨の話』昭和四年、一九二九）。

それはともかく、銭賭博の多くは無邪気なこどもの遊戯が原型となっている。

代表的なものが「銭投げ」競技だが、これは多種多様である。もっとも普及したものは「穴一」という。古くから幼児の手まり唄に「みなさまこどもたちは楽あそび、穴いち、こまとり、羽根をつく」とあって、もと純粋な遊戯だったことがわかる。地方によっては穴印地、穴ポン、意銭《ぜにうち》、むさし、かんきり、六道（度）、お江戸、よせ、けし、筋打、カラバなどと、じつにさまざまの名称があり、この事実からしても幼児の遊びが土台になっていることがわかる。

方法は簡単で、一定地点から一定の場所へ銭を投げ入れるのである。銭あなというものを掘り、ここに入れば勝とするもの、あるいはその周囲に円を描き、穴に入らなくても線内に入りさえすれば、次にその銭をめがけて打たせる方法もあった。これを穴ポン（カラバ）という。

棒を地に立て、二、三間はなれた個所より銭一枚を投げ、棒に一番近いものを勝とする「よせ」、棒を立てずに十字を書いて行なうものを「とほ」といった。

地面にうずまきを書いて、銭が中心に一番近く入ったものを勝と定める「けし」、同じく直線を一本引いて、それに乗った者を勝とする「かんきり」、複雑な筋目を書き、銭がかからぬように投げ入れる「筋打」などもあった。線の引き方はいろいろあって、代表的なものは中国伝来といわれる「むさし」である。これは後に「十六むさし」という室内ゲームの一種に進化した（10　雑賭博参照）。

ときには角穴の銭（寛永通宝など）を二、三枚アメでくっつけた「ばっそう」と称するものも用いられた。直径七センチ、厚さ一センチほどの丸い鉄板を投げて、穴一と類似の競技を行なう「でんぎ打」というものもあった。地方によっては、キシャゴ貝を代用したようだが、それは貨幣流通程度の差をあらわしている。銭の代用物としては土製のお面や紋、釘などの例がある。前者は面（紋）うち、後者は津軽地方の「コマヨウロ」である。

このほか、銭を投げることはしなくても、その意匠を利用して賭博ができた。「字かぬか」は銭をはじいて字（表）が出るか、ぬ（裏）が出るかを当てるものである。一名「なめかた」「文字がえし」ともいうが、重ねた銭のいちばん下の表裏をあてさせる方式や、スリバチのふちから底にむかって落とす方式などいろいろあった。

「字返り」、これは平面上に一文銭を置き、その一辺を他の一文銭ではじき返し、反転させて裏面を出した者が勝である。じっさいにやってみるとむずかしい。

「なんこ」は、数人の者がたがいに相手のにぎっている銭の数をあてっこするもの。「往来歩行の節もでき候博奕」と当時の書にある。

さあ、ございい（『絵本子供遊び』江戸後期）

### さあ、ございい

江戸開府の慶長八年（一六〇三）、早くも「ばくち、ほう引、双六このほか諸勝負禁制の事」という命令が出た。このうち「ほう引（宝引）」とはもと上流家庭の正月遊戯で、関西におこり寛永ごろ江戸に辻賭博として伝来した。なまって「ポッピキ」ともいった。「明和のはじめの狂詩に、早来四逵飴宝引《サゴザイヨツジノアメホウビキ》、物中年始御祝儀という句あり。寛政の初めまでも辻宝引はありき。サァござい〳〵といってこどもを集めるゆえ、これをございといえり。当たる者には菓子・翫物《がんぶつ》をとらすなり」（『嬉遊笑覧』）。どこの辻でも、「さあ、ございい」の声をききつけたこどもたちで足のふむところを知らず、通行に難渋するので「宝引無用」のハリ札がいたるところに見られた。

一種のくじ賭博で、何十本かの細ひもの末端に賞品がついている。イカサマが多かったことは想像に難くない。

この宝引はじつに多くの変種を生んだ。まず「すぼ引」で、胴元は参加者の銀を一本のひもに通し、他の何本かのひもと一緒に握っている。引当てた者が全部獲得するのである。「三から」というものもあった。ひもを六本にして、うち一本に分銅と称し、銭を結びつけておく。参加者は何文か均一の出資をし、次に各人でひもを引く。分銅つきのひもを引けば、その金額の四割をもらえた。典型的な街頭博奕である。

「小増」というのもあった。六枚の木片や象牙に松竹梅や富士・鷹・茄子等の絵を描き、真中に穴をあけておく。胴元はこの六枚を懐中し、そっと一枚にひもを通して先端を外へ出す。張子は松竹梅その他いずれか一枚に賭けてから、ひもを引く。札は浮彫であったから、盲人用の賭博として珍重された。

オッチョコチョイのチョイ
(伊藤晴雨『江戸と東京風俗野史』)

もうひとつ、竹製のくじの末端に糸をつけ、それに文久銭を垂らした、「オッチョコチョイのチョイ」というのがあった。外ればむろん「オッチョコチョイのチョイ」である。

宝引にしろ、オッチョコチョイにしろ、戦後まで、大道商人によって生きながらえていた。

明和ごろの「ひっぺがし」（宮武外骨『賭博史』）

## ひっぺがし

明和から寛政末年（一七六〇―一八〇〇頃）にかけては「ひっぺがし」（「紋紙」「紋富」）という賭博があった。

これは近年まで駄菓子屋で売っていたような、小さく丸めたくじ紙を台紙に貼付したものである。台紙には役者の紋を描き、張子はその紋の一つないし三つに賭けてから、くじを「ひっぱが」すのである。あたれば賭銭の四倍。でなければフイである。ときには賭銭の四十八倍になるものもあった。

最初は胴元の家で行なわれたが、のちには売子を使って紋紙を配布し、賭け口の数だけ紋の上部に線を引かせる。それを「棒引紋紙」といった。流行としては文化年間に衰えたが、前述のように駄菓子屋の景物として、爾後百四、五十年を生きながらえることになった。

原理は同じだが、「水びたし」といって、いろは六文字を薄紙にミョウバンで記し、チョボ一式に賭けたあとで薄紙を水に浸すという方法もあった。

# 8　弓矢賭博

## 私娼窟の表看板・楊弓

寛政八年（一七九六）に、西久保三田町の浪人三原伊露なる者が、教授料をとって賭弓の秘訣を伝授した廉《かど》をもって、遠島処分に付された。平安時代の宮中行事が、このころには武士階級の賭博と化していたのである。

一名「楊弓《ようきゅう》」ともいい、弓材が楊《やなぎ》であることから来たというが、材料はなんでもよい。的と席との距離は初期において七間半、矢は十五本をもって当りの多い者を勝とした。大勝負には矢数二百本というものもあったという。賭銭は紅白の紙に一銭を包んで出した。のちにはそんな奥ゆかしさも失せて、「素字《すじ》」と称し裸銭を受渡した。的の距離も十三間ないし十五間となり、的には金・銀紙を貼った。「金的」という語の源である。

流行期は元禄時代。幕末には芝神明《しんめい》・浅草などの私娼窟の擬装手段になりさがった。

神明は江戸の盛り場のひとつで、芝居小屋、講釈、寄席などにまじって「矢場」と称するものがあった。客は女の弓使いと競技を行ない、負けたら女から酒を飲まされる。勝て

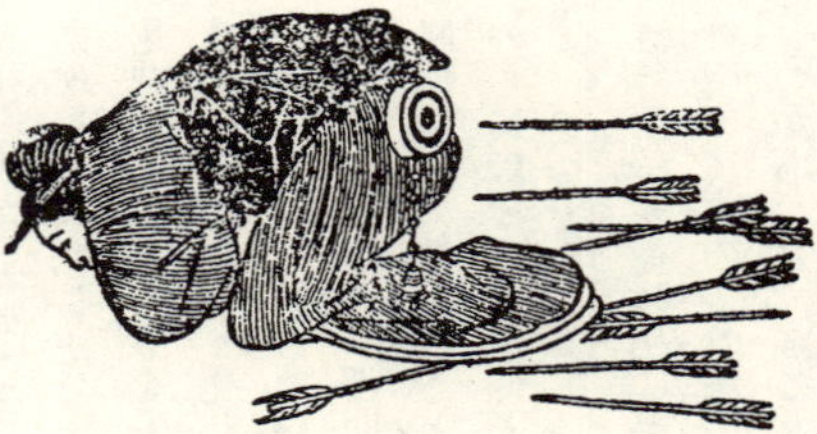

賭弓者の目的
（山東京伝『枯木花大悲利益』享和二年）

ば、いわずもがなで、どちらにしても散財である。

「女は紅の袖をまくつて、繊手で弓をひねり、矢をつがへる。頬にはえくぼが見える。満を放って矢がとぶ。秋月天を行くごとく、百発百中。射終へると喝采の声がわく。そのころにはもう酒肴の膳が持ちだされてくる。勝利者が劣敗者に飲ませるのは射法の古式にはちがひない」（『江戸繁昌記』）

と、寺門静軒は皮肉な観察をくだしている。

おなじく元禄期に「吹き矢」が盛んとなった。的が「からくり」仕立てになっており、当てれば的が飛んで上からダルマなどが下がってくる。黄表紙の外題にも使われたように、一時大いに流行したが長つづきせず、こども相手の射倖的娯楽となった。明治期の「射的」はこれらの亜流と見られる。

### 厳格な宴席賭博・投壺《とうこ》

中国伝来の宴席賭博で、明和年間（一七六四―七二）に大坂で流行した。きわめて厳格な作法が要求され、以前平安朝のころ宮中に行なわれたさいには唐風をそのまま用いたため、さすが暇人ぞろいの公卿も嫌気がさし、流行にはいたらなかったのである。

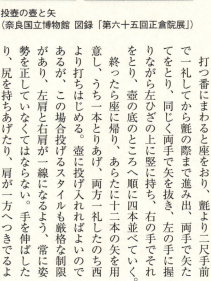

大坂で復活したときは和服・紋つきを着用し、畳に毛氈を敷き、中央に候《こう》板という一種の台を置き、壺をのせた。競技者は東西に分かれ、東の者は青竜の籌《や》、西は白虎の籌と称するものをそれぞれ四本矢たてに入れて持つ。

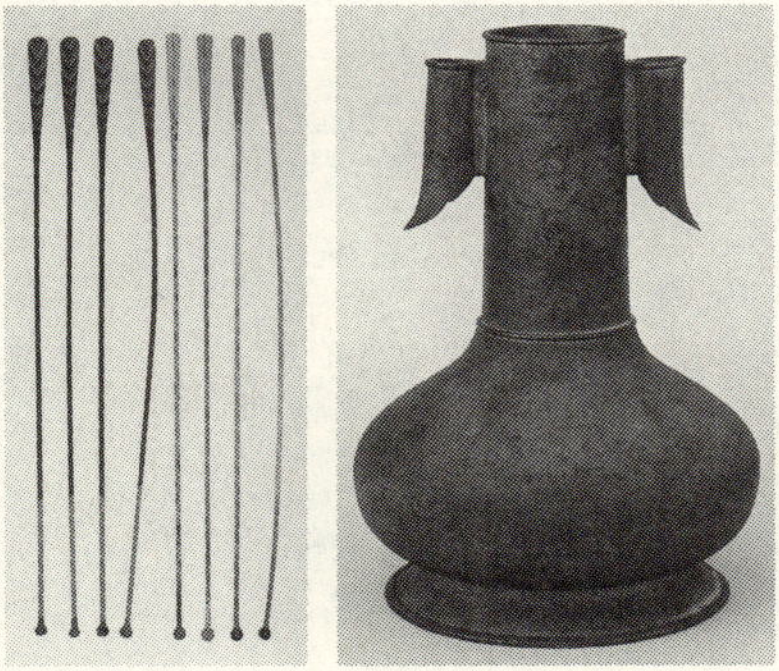
投壺の壺と矢
（奈良国立博物館 図録「第六十五回正倉院展」）

打つ番にまわると座をおり、氈より二尺手前で一礼してから氈の際まで進み出、両手で矢たてをとり、同じく両手で矢を抜き、左の手に握りながら左ひざの上に竪に持ち、右の手でそれをとり、壺の底のところへ順に四本並べていく。

終ったら座に帰り、あらたに十二本の矢を用意し、うち一本とりあげ、両方一礼したのち西より打ちはじめる。壺に投げ入れればよいのであるが、この場合投げるスタイルも厳格な制限があり、左肩と右肩が一線になるよう、常に姿勢を正していなくてはならない。手を伸ばしたり、尻を持ちあげたり、肩が一方へつきでるようなことはいけない。
十二本投げ終ってから採点を合計する。図は右より、
有初《ゆうしょ》　十点（最初の矢が入ったとき）
貫耳《かんじ》　十点（耳に入ったとき）
連中《れんちゅう》　各五点（二番矢より後がすべて入ったとき）
散箭《さんせん》　各一点（まばらに入ったとき）
初有《しょゆう》貫耳　二十点（最初の矢が耳に入ったとき）
連中貫耳　二十点（中ごろの矢が耳に入ったとき）
横耳《おうじ》　一点（落とせば○点）
横壺《おうこ》　一点（同）
倚竿《いかん》　一点（同。全壺のときのみ採点）
耳倚竿《じいかん》　一点（同）
倒竿　○点（他の点もご破算）
倒耳　○点（同）
全壺　優勝
有終　十五点
驍箭《きようせん》（投げた矢がはねかえり、手元に帰ったものを、再び投げた

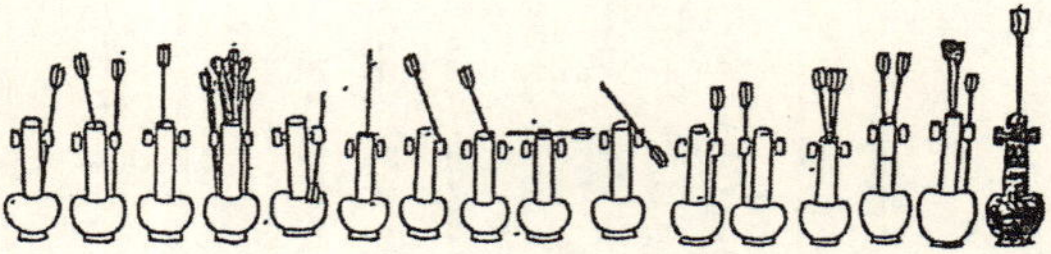

場合。入れば該当の点数、外れればマイナス十点）

帯剣　○点（地につかず、落ちつかぬため）

竜首　十八点（傾いて矢が正面に向いたもの）

竜尾　十五点（壺口をまわって倚竿となったもの）

敗壺　○点（図のごとし）（『雅遊漫録』宝暦十三年、一七六三）

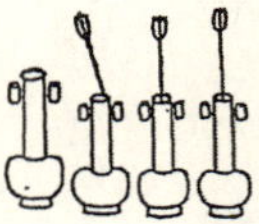

なお採点の方法には時により若干の相違があった。

投壺用語として、

勝…賢

負…不勝

持…鈞

一勝負…一壺、一競

二勝負…知競

三勝負…長競

金銭は賭けず、負けた者は酒一杯をおごるなど、要するに太平の世における武術くらべという、特異なムードの博戯であった。

禁じられたのは天保改革のさいである。

このような理由で投壺そのものは賭博として一般化するにいたらなかった。国学者入江

投扇興（『世登濃登起』）

昌喜（一七二二—一八〇〇）は、「嬉戯具は多しといえども、賭博化しなかったものはない。ひとり投壺のみが潔白である。ああえらいものかな、投壺投壺」（『幽遠随筆』安永三年、一七七四）と言って賞讃しているが、それほど賭博化しない遊戯はまれだったのである。

## お座敷博奕・投扇

投壺があまりに厳格なので、日本人向きに換骨奪胎したものが投扇興である。矢に替えるに扇をもってし、壺は木枕とした。安永二年（一七七三）ごろの流行というが、当初は的に灯をともしたロウソクなどを用いたらしい。それが木枕となり、その上には銭十二文を錦布に包み、金銀の水引で蝶の形に結わえたアクセサリーを置くようになった。

枕を置く「席」は緋の毛氈で、長さ二メートル、幅十二センチほどのもの。扇は金銀の箔を用い、極彩色の山桜・紅葉などを描いた十二骨のものであった。

競技者は枕より扇の丈四つほど離れて対座する。他に記録係が一人必要だった。判定の基準は複雑で、『源氏物語』になぞらえた「五十四」通りの型や、扇のとまりぐあいを単純な連想によって命名し、採点する方式などがあった。たとえば開いて逆さに乗れば「富士」として十一点。これが枕の端に落ちかかれば八点。半開きで横に乗れば「軒端」として十二点をあたえるというぐあいだった。

特殊なお座敷賭博だが、明治大正期にも一部社会にのこっていたという。

# 9　動物賭博

## 競馬・闘牛

動物を闘わせてその勝敗に賭ける。ついには昆虫にまでおよぶのであるが、その雄たるものは競馬であろう。

近世の競馬は現代人の感覚でいう賭け馬とは異なり、年中行事・祭式の意味が濃いものだった。いまものこっている賀茂競馬などは、堀河天皇（在一〇八六―一一〇七）の時代にはじまり、騎手には社人をもってした。その他公卿による私営競馬も存在したが、民間における草競馬のたぐいが賭博の対象としてはふさわしかったと思える。しかし、これとて遊戯・懸賞以上に出るものではなく、真に賭博化したのは明治期以後であった。

闘牛は伊予・越後など各地で行なわれていた。頸部が発達し、角が太く短い闘牛専門の牛をつきあわせ、はたから闘士が景気をつける。牛の争いそのものより、闘士の活動ぶりが面白いので、これも闘犬とともに郷土的行事であって、賭博は付随行為にすぎなかった。

## 闘鶏

これらに反して、闘鶏は純然たる賭博であった。二歳から三歳のシャモについて、身長体重年齢の三点を基準に、実力伯仲のものを取り組ませる。このつりあいがむずかしく、三十羽に一羽の割であるという。しかも一開帳に三組の蹴合をすませるのに手いっぱいである。

取り組みがきまったところで鶏師が張子より賭銭を集め、東西双方の金額を平均させる。土俵には本土俵と巻土俵の二種があって、前者は土を深さ四尺（約一・二メートル）、さしわたし六尺（約一・八メートル）ほどの円筒状に掘りさげ、内周にムシロを三枚ほど張りまわす。巻土俵とは即席土俵のことで、同じくムシロ三枚をつないで円陣をつくり、数人で支えるのである。

連れ出された鶏は羽を水で湿《しめ》らされる。イカサマとしては、このとき狸の油をぬる。これは鶏の大きらいな匂いで、敵方をひるませるにじゅうぶんだという。

鶏が湿らされるということは、サイ賭博でいう「壺が伏せられる」ことにあたり、よほどの事情がないかぎり変更・中断は許されない。

勝負の判定は、

(1)鶏が土俵外に四度とび出したとき

(2)鳴いたとき

(3)土俵内にうずくまったとき
(4)疲労のあまり土俵ぎわで足を前方に伸ばしたとき
(5)相手を打とうとして、はずみのあまり羽の下に首をはさんだとき
(6)相手の攻撃を避けようとして前記の姿勢となり、そのまま のし掛かられて脛《すね》が地面についたとき

二時間以上勝負がきまらなければ交渉しだいで引きわけになる。賭銭の単位は「じく一本」といって、一口五本から五十本で定めた。負けた者は賭銭を没収されたうえ、鶏の治療代まで負担させられた。

テラ銭に相当する「敷代」は木戸銭でまかなわれた。つまり闘鶏は一般の見物人を集める興行賭博として成立したのである。

### うぐいすかけ・くも合わせ

旦那博奕としては「うぐいすかけ」がある。大広間の中央に盆栽の梅の木をしつらえ、障子を閉ざしてからうぐいすを放つ。早く梅の木にとまらせた者を勝とするのである。「鶯や初音できまる小千両」というから、先に鳴いたものを勝としたのかもしれない。

昆虫賭博としては「くも合わせ」があった。『閑窓自語』(寛政五—九年、一七九三—九七)に、「享保のはじめ、世に蠅とりくもとかやいう虫をもてあそぶことあり。風流なる

小さき筒にいれて、蠅のいるところへとばせてとらしむ。一尺、二尺など遠くとぶをもって最上とす。よくとぶくもはあまたの黄金にかえて争い求め、くも合わせをして博奕におよぶの間、武家より制して止めしむとぞ」とある。壁虎・座敷鷹などという異名もあった。

# 10 雑賭博

## 双六の亜流

文化・文政（一八〇四―三〇）のころには、すでに双六の正しい遊び方を知らぬ者が多かったと柳亭種彦は言っている。これは大げさにしても、オーソドックスな競技法がすたれていたことは事実であろう。

江戸中期より流行した尻取りの中に、

ばんや正月宿おりじや、おりじや双六追ひまわし

という一節がある。この追いまわしというのは賭博の一種であって、図のように六個のコマを並べ、サイコロ（一個）の目数だけ前方へ移していく。六個全部追いつけば、それからあとの目数だけ切っていく。早く切り終えた者が勝である。

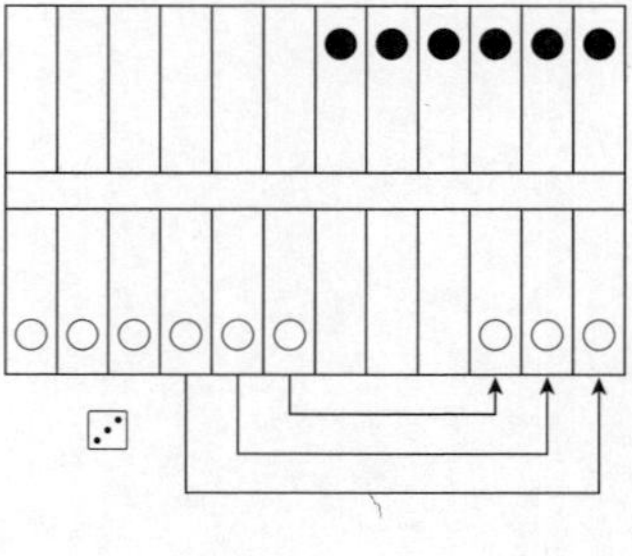

もうひとつ「おりば（下端）」という方式もあった。十二のコマを盤目の一より六までに二個ずつ並べ、二つのサイを振って該当の目にあるコマを除いていく。たとえば⚀と⚄

が出れば、一と五にあるコマを一つずつ取り去るのである。これも早く盤面をきれいにした者を勝とするのである。

## どっこいどっこい

どっこいどっこい（『江戸府内絵本風俗往来』）

回転する物体に銭を賭けるという点で、海外のルーレットに匹敵するのが「どっこいどっこい」である。

『江戸府内絵本風俗往来』（菊池貴一郎、明治三十八年、一九〇五）に「どっこいどっこいは、元来こどもの戯れにつくりだせるものにて、その種類かずありといえども、まずもって一個より六個までの数をもって当りを六個となして、順に少数に減じ行のうて、数の多きを当りとしたりしが、中頃より大人のもてあそびに用いたり」とある。とにかく遠所近在のおのぼりさんを相手とする街頭賭博であった。

代表的なものは、盤の中心に竹べらの針をすえ、それを回転させて盤上の指したところを当りとする。賭銭の三割を賞金とするのである。盤は六等分され、役者やすもうとり・傾城《けいせい》の名が記してあった。

「一度当るや三度を外し、二度勝つや五度を外す。こは最初三、四人たちて勝を得、多くの銭を得し者はみなどっこいやのなかまにて、この当時鼻っぱりと唱えたり。また廻すところの盤の竹べらにはシカケありて、当てんとするところには必ず当つる」

とあって、むしろ手目《しゆもく》(詐欺)賭博の項目に編入すべきものと思われる。

なお、円盤そのものを回転させ、これに吹矢をもって当てさせる式もあった。この方がフェアだが、こども専用であったらしい。現代における宝くじ抽選器の元祖である。

## 十六むさし

大人用の賭博から子供の遊戯になりさがったものに「十六むさし」がある。一三七頁図のような盤をつくり、親が一、子が十六のコマを持って争う。要するに親が動けぬようになれば子の勝であるが、子のコマが親を一線上で挟んだ型になると、親に両側をとられてしまう。できるだけとられぬよう、三角形のコーナーに追いつめるのが手であり、ここを「雪隠」といった。ゲームとしてはよくできたものである。

## コマ賭博

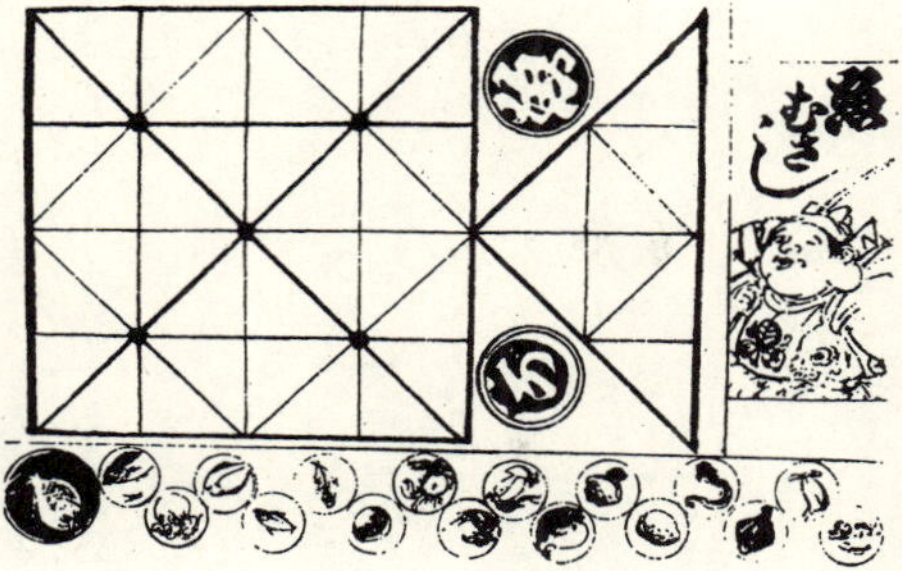

十六むさし（右、伊藤晴雨『江戸と東京風俗野史』）
お花こま（左、宮武外骨『賭博史』）

享保（一七一六―三六）より元文（一七三六―四一）にかけて流行したのが「お花こま」である。サイコロの変態というべきであろうが、長方形六面ないし八面のコマをまわして、倒れたとき上面に出た絵をもって勝とする。絵は花鳥風月、傾城、ダルマ、唐人などさまざまであった。賭けのやり方はチョボ一と同じである。絵柄を源平二方に分け、張子に各一方を賭けさせるのが「源平」であって、これは丁半と同じである。

**種カキ**

中国には瓜を割って種の数をあてる遊びがあって、これを瓜戦といった。

文化十四年（一八一七）の『南畝《なんぽ》莠言《ゆうげん》』に、「ちかごろ市中の者、柿をきりてその種数をあてて勝負をみることありき。名づけて種カキという」とある。

これより約三十年さかのぼった寛政元年（一七八九）に次のような禁令が出た。

「西瓜商売の所々ならびに揚場などにして、西瓜の貫目を引賭にいたし、ばくちがましき儀いたし候これあるよし、不届しごく。自今急度《きっと》あい止めさせ申すべきむね仰せ渡せられ候間、西瓜商売人はもちろん町々へ申し渡すべく候」

西瓜が禁ぜられて柿である。さらに近代に入ってみかんの房《ふさ》あてが行なわれた。果実賭博などという分類をあらためて作るまでもなく、世に賭けごとの「種」はつきまじ、である。

## 11　手目《しゅもく》（詐欺）賭博

### いまここに針が出もの

日本人が博才にたけ、イカサマの妙手として世界に並びない存在だなどと言うと、あるいはうるさいナショナリストあたりから異論がでるかもしれぬ。

だが、ここに掲げる「穴熊」だけは、まったく日本人の誇ってよい高等技術であって、他国に類例のないものだ。

サイコロ博奕のとき、盆ござの布の下、床に四角の穴を切っておき、この下に穴熊と称する相棒をひそませる。これが穴師というやつで、かくし持った針で布ごしにサイコロをつつき、胴元につごうのよい目を出すのである。暗いのでロウソクを用いるが、ときに油煙がツボに付着する。これを吹きとばすため、博徒の親分は年じゅう太いキセルをぷかぷかやっていた。

穴熊先生がもっとも働いたのは明治時代である。原因は二つあって、まず懐中電灯が輸入されたこと。もう一つは「天災」という、まさに穴熊専用の賭博が発明されたからである。明治の項で述べるように、この賭博は白黒二つのサイを用いるので、布を通しても判別しやすいのである。先生たちも楽になったが、江戸時代には修練を要した。怪しまれたら最後畳ごしにズブリ、脇差を突きたてられたからである。講談の国定忠治が見せ所だ。

ところで、客の方も用心しているから、容易にひっかかるものではない。とくに天災の場合など、専用のフトンを持参してくる。このフトンをどうはずすか、胴元は苦心する。最初のうち、わざと負ける。そして冷静さを失ったかのように装い、頃あいを見はからって、

「ええい、こんなフトンは縁起がわりい」

などと叫んで、ポイと放り出す。お次は穴熊の登板となるのである。イカサマの極致だが、どこかユーモラスで憎めないところがある。

## 江戸の曲づくり

安政二年（一八五五）、『一天地六 偽咄《いつわりばなし》』という本が出版された。これはイカサマ賭博を扱った戯作で、サイの曲づくりに詳しい。

曲づくりとは、イカサマ専用のサイコロである。これを作る者を内会師《ないがいし》といった。

まず、中に鉛を入れて一定の目だけを出すようにした「餡《あん》入り」がある。

「コウおまえやおいらはつまらねえ身のうえだぜ。ほんに場《ば》朽打《くちうち》のサイのような、うらや

『一天地六偽咄』

ましいものはねえ。おれももとは上方から厚紙につつまれて来たものだ。ずいぶん四人まえにすぐれた男だが、なんの因果で内会師《ねえげえし》の手にかかり、あたまのすってっぺんから三角の錐でもまれ、そのうえならず鉛をつぎこまれ、うまれもつかぬ病持となり、人中へでても歩きつきがわるいなどといわれ、引けた人にはいやがられ、ほんにそれを思えば、いっそドブの中へでもつきおとされてしまいてえ」

——これに対して、女のサイが次のように答える。いわゆる「水こぼし」の方法である。

「おまえさまも、まあそのように一髄にお言いだが、わたしももとは上方うまれ、山トじよわいな。江戸へ上ったは四、五年以前、京みやげに買いとられ、あっちこっちとくらがえして、やっぱり因果でこの家へ奉公。すむとまもなく似もつかぬ、外方《げほう》あたまに摺りおとされ、砥石《といし》の責のその痛さ。こらえて今まで勤めても、おまえとひとつにいたいばっかり」云々、というわけで両人しめしあわせての駈落ちとなる（一四一頁左上図）。

次は「色賽に浮名のこすや壺皿の、友と仲よきお半長右衛門」である。色賽とはイカサマ賽、お半長右衛門は丁半のことである（一四一頁右下図）。

男ザイ「こう、今日の壺ふりはほんとうの鉄火打ちだぜ。商売人の振る壺は心持がいい。ぜひ元の付目に出たくなる。サアサアお半しっかりしなよ。モウ蟇股《かいるまた》をよして、くだり八島と出かけよう」

女ザイ「マア〳〵静かにおしよ。しかし、おまえと二人で心持よく出ていたら、側《がわ》のものが色賽と気がつくだろう。ほんにしみじみいやなのは、素人のばった壺ふりじゃァいかねえ。幽霊壺や横あけ壺で、出た目を忘れて叱られるやら、冷汗がでますねえ」
男ザイ「そうよ、それだから付目は出ねえ筈だ。なにビリゾロも気がつええ。しかしもう夜があけそうだ。商売のある者にはかまわず、博奕打の方へ盆中吹きつけて仕まおう」

ばった壺とは、へたな壺ふりのこと。幽霊壺とは、内部に細工を施した壺、横あけ壺とは側面に窓をこしらえ、そこから内部が見えるように細工したもの。ビリゾロとは⚀⚀の目である。

曲づくりのくわしいことは次章に述べるが、大綱は以上の分類に尽きている。なお柴田錬三郎著『眠狂四郎無頼控』の一エピソード「賭場女房」は、曲づくりを扱った興味ぶかい作である。

# 第三章　明治賭博史

## 1　変革期の賭博

### 天下をあげて博奕うつ

「よしや南海苦熱の地でも、粋な自由の風が吹く」

自由民権運動の中心地、高知県の志士たちは、明治十年（一八七七）ごろ大衆宣伝用の「どどいつ」を創作した。その一節に、

「よしやカードは禁ぜられても、マグナカルタで遊びたい」

というのがある。カード禁止をまくらに、マグナカルタという新知識を導入しようとしているのだが、それ以上に、たとえ近代社会に必要の立法措置でも、専制政府によって行なわれたものなら従えぬ、というニュアンスがこもっているようである。

おなじ高知出身の植木枝盛（一八五七―九二）は、明治十二年『民権自由論』の中で、次のように政府を攻撃した。

「国を政府の私有とし、国の万事は政府ひとりでこれを扱い、国の盛衰隆替《りゅうたい》も一つに政府に受け負いおるときは、国を治むるの君賢明か、政《まつりごと》をあずかるの宰相善良なれば、国し

ばらく治まりいけども、君闇愚なれば国乱れて亡ぶ。しかればこれあたかも国の治乱盛衰をもって、ただその一君主一政府にかけたるようなもので、ちょうど博奕を打つと同じく、いつまけるやら、またかつやら、いっこうわかったものではない。……マアただいま日本では、一人二人の博奕を打つも御法度の禁ずるところでござるが、それをなかなか二人や三人のことではない、天下をあげて博奕を打つとは、なんととぼけたことでござるぞ。あなた方ではなく唐《から》の唐人《とうじん》さん、チト目をおさましなされませ」

日本の近代史は、彼の博奕専制論が正当であったことを立証したのだが、このあとには茶番が続く。彼ら民権論者の多くは、民選議員を立てて完全な立憲体制をしき、そのことによって「国権」を拡張するという、当面の目標しかみなかったのであり、絶対主義のかざり物としての立憲制が整備されたとき、彼らは躊うことなく博奕政府と狎れあい、共謀者の地位に転落していく。

### 国をあげての賭博時代

反権力の思想は、支配される生の土壌にしか成長できない。この場合、人民の政治思想は低く、はねっ返りの士族民権論者によって「愚民」視される段階にあまんじていなければならなかった。枝盛の言葉によると、「自分一生一家のことのみにうちかかって、さらに世のこと国のことに心を用い気をつけず、すべて、公のことには甚だうと」い存在なのである。換言すれば旧幕時代の人民の水準そのままということである。

こうした「愚民」が今や天下をあげて博奕を打っているというのは、枝盛の誇張と思いあがりであるにしても、一面、実感がこもっている。先入主なしにこの表現を受けいれると、明治はまさに国家をあげての博奕時代であった。それは外圧と国内的矛盾に悩まされつつ資本主義成長を強行せねばならなかった速成近代国家にとって、避けられない性格であった。日露戦争のごときは、丁半の大博奕といえる。

だが、ここでは問題を社会風俗事象としての博奕に限ることにする。文献にてらしてみると、この方面に関する話題はきわめて多い。それが後期になるにつれて減少するのは、賭博行為の減少を意味するのではない。賭博感覚が社会的行為の中に深く潜入、浸透してしまったことを意味する。行為は現象一般の中に拡散してしまったのである。明治四十年（一九〇七）発布の現行刑法が「賭事」と「博戯」を分離し、あまつさえ「一時の娯楽」としての博奕を例外にせざるを得なかったのも、かかる社会情勢の変化が背景にあったからである。

旧時代とは比較にならぬコミュニケーションの発達により、ひとつの賭博は容易に全国的な規模にひろまり、社会現象化した。上流階級は社交の手段として、下層階級は射倖の願望から、各層それぞれの必要において賭博を日常化せしめたのである。

とはいえ、賭博が風俗ではなく社会現象であるということは、程度の差こそあれ江戸時代にあっても同様だった。したがって、明治賭博の特質をさぐりだすには、それら現象の質的変化に目をむけねばならない。いわば御一新の波が賭博行為のいずれの面に影響し、かつ新しい世界に対する民衆の期待（たとえ無意識にせよ）が、社会的行為の一つの反映である賭博に何をもたらしたか、という問題を知ることである。

### 過渡期の賭博禁制

新旧権力の交代期には、とうぜん規制のゆるみに乗じて各種の賭博が復活した。明治三年（一八七〇）公布の「新律綱領」第百六十八条に、

「およそ財物を賭し博戯をなすものはみな杖《じょう》八十、賭場の財物は官に入る。その賭場を開帳する人はその列に与《あずか》らずといえども同罪。飲食を賭する者は論ずることなかれ。もし産業なくして常に腰刀を挟帯し、無頼の徒を招結し賭場を開帳し、四隣に横行する者はみな流《る》一年」

条文中の「博戯」は「賭博」と同義である。「飲食を賭する者」を例外としたのは実害が少ないとみたからであろうが、これは撞球賭博に悪用され、「飲食キップ」なる抜け穴を設けさせることになった。

五年制定の「違《い》式《しき》詿違《かいい》条令」では、「男女相撲ならびに蛇つかいその他醜体を見世物に出す」ことを禁じて「ソレツケヤレツケ」を根絶せしめ、「あめ、菓子などを賭け、盤面

に筋をひき印をつけ、勝負を分かち小児を誘う者」として「ドッコイドッコイ」を禁じた。さらに「ムサシ、アナ市《いち》と号し、木の実、石、貝等をもって勝負を争い、賭博の様をなした者」、すなわち銭投げに類する一切を禁じたのである。(1)

――禁令に黙許はつきものである。しかし、このたびはやむをえぬ事情より生じた。治外法権下の外国人居留地に関しては、いかな政府でも手の下しようがなかったのである。

（1）地方条令中、神奈川県下のものに「銭打（なんこ）と唱え、金銭を玩弄しまた器物および食物を賭け商業をなす者」を禁ずる一項がある。なお、このころ各地でウサギの飼育売買が投機目的で大流行した。これも広い意味で賭博的熱狂として注目したい。

## 居留地の賭博

安政六年（一八五九）、神奈川開港とともに欧米の商社がぞくぞく渡来してきたが、これら商社の多くは中国に拠点を有していたため、雇人として中国人を多数ひきつれてきた。彼らは召使、使用人として日本人に接触し、「南京人《なんきん》」の名称で親しまれた。幕府はこれの監督を目的に「居留地取締規則」を協定し、中国人に対して登録制度をしいたが、明治政府がひきついだ時には公称約千人、主として広東出身の中国人が存在していた。

料理店、酒店など定職を有する者は、正式に居留権を得て定住したが、定職のない者も多く、賭博などの悪習が横行していた。広東は中国でも特に博奕のさかんな地方で、いわば日常茶飯事であったという。したがって中国人街には賭場が常設されているというありさまで、その経営者は取締りの任にある英人に贈賄を行ない、完全な黙許を得ていた。

明治四年（一八七一）、「日清修好条規」が調印され、居留地の中国人は治外法権を獲得した。それが実質的に発効した十年以後、彼らの賭場に日本人が参加するようになった。日本の警察権がおよばぬ地域だったからである。毎晩灯ともしごろになれば、床屋、飲食店、雑貨商、酒屋、裁縫店の店頭、二階などで賭場が開帳された。半裸体の無頼漢が群がって、そのさわぎはすさまじいばかりであったという。

「横浜に三つの名物あり。南京町と賭博と売淫と」にはじまる乾坤一布衣《いちほい》（松原岩五郎）の『社会百万面』（明治三十年、一八九七）に、その賭博のもようが記されている。一例として見るべきである。

「その法、和俗のいわゆる規矩《ぶんまわし》にして、まず室の中央に一大円卓を置き、これに竜、鰐、獅子、野鶏、蛇、蜈蚣《むかで》などの動物、二足、六足、四足、十二足の獣体、おおむね蛇身牛首奇形物を画き、鍼《はり》をまわして以て勝負を定む。たいてい一回一セントずつの賭にして、円座十二人集まればひと勝負にして十二セントをもうくる勘定。なかに座頭ありて場役一割の手数料を刎《はね》て、もって検分をなす。商店売人あい隣り、店頭貨物あい交易するの街上において公然これを行なう。いささか憚るところなきがごとし」

日清戦役前後の記述であるから、中国人蔑視の点は割引きせねばならぬとしても、状況

明治二十六年ころの南京街（現在の中華街、『風俗画報』）

の一端はうかがえよう。

このような〝祖国の中の異国〟の存在をよいことに、日本人は悠々と賭けのスリルを楽しんだ。横浜のほか東京の築地、大阪、神戸にも同様な弊害が見られた。居留地は文明開化のみなもとであったが、同時に悪の上陸・醸成地点でもあった。中国人のみならず、欧米人も富くじや撞球のたぐいを行なった。そして、これを飢えたように吸収する日本人とのあいだに異様な賭博ムードを形成していった。花札における「横浜花」の案出、撞球が遊戯でなく賭博として導入された事情、馬券競馬の急速な輸入、さらにはチーハーの蔓延など、いずれも居留地の存在を無視しては語れない。いわゆる明治的な賭博はすべて居留地から始まる。

三十二年（一八九九）、治外法権がまっ

たく撤廃されたのを機会に、目にあまる情景は影をひそめたけれども、別の方面に黙許が存在した。権力の防壁たる華族ブルジョアジーが、企業競馬に手を染めていたのである。加えて、戦争準備のために馬匹《ばひつ》改良の要請がたかまってきた。これを良い口実として、競馬は明治最初の公営賭博として出現する。

厳格な禁制と、ご都合主義による黙許といった二面的な法の施行により、一般大衆のあいだには心理的な違和感と抵抗が生じたことは、想像に難くない。賭博行為はすでに日常的で現実であって、単に「たてまえ」としてのみ悪事であったにすぎない。子弟には教育上有害だから禁じねばならない、おとなは見つからぬようにやればよい。たまたま処罰された者は要するに運がわるいのであった。

このような日本人特有の法感覚は、なにも明治に入ってから形成されたのではないが、とくにこの時代になって露骨に現われた。そして、この倫理上の絶対悪という観念の欠如は、国家の性格そのものの鏡であった。大衆の反応はむしろ正当であり、無邪気な自然であった。

### 明治人の賭博観

明治も前期と後期では、大衆の賭博に対する期待は大きく変化している。開化期にあっては賭博の中に社交的機能を見いだし、戦争を境とする大きな変動を経験した後期にあっては、その中に社会的不満のハケ口を見いだした。

社交的機能とは、四民平等・機会均等のエントツ・システムの中に張り合う競争者が、表面上狎昵《こうじつ》するための手段ということである。賭博は集落内の略奪行為ではなく、「社交場裡の交際」の一つとみられるにいたった。

彼らには立身出世という一大目的があったから、賭博という単なる手段に対して身体を張ってはならなかった。花札や撞球がいかに興味ぶかくとも、それに対して裸一貫になるまで没入することは不可能であった。開化紳士の教養としての範囲にとどめられるべきであり、事実多くの「猟官餓鬼」はこのような狡猾な節度をもって賭博に接したのである。

立身出世という一種の実力主義の風潮は、賭博の性格にもある程度の変質をもたらした。旧時代の賭博に比して、いちじるしい技巧性がもたらされた。ゲームの理論でいうなら、偶然手番をできるかぎり少なくし、「人的手番」をふやすような工夫が講じられた。新しく輸入採用されるものは高度なテクニックを要するものに限られていた。伝統的なサイコロ賭博でさえも、「チイッパ」や「天災」のごとく、ルールを複雑化する試みが行なわれている。これをイカサマの必要性からとのみ論ずることはできない。

これらの事実は注目すべきことで、明治人の生活意識が反映されていると思われる。御一新の制度改革が、たとえ上からの指導によるものであったとしても、文明開化のもつ合理性が庶民を納得させた。「猿松でも権助でも、参議一等官になる時節だから、奮発は遠慮なくせねばならぬ」(『文明田舎問答』明治十一年、一八七八)というように、この社会も実力によって変革することが可能であるという意識は、徐々に彼らの心の中に形づくられていた。他からあたえられる運命ではなく、内からの自律性に頼った自らの能力に賭けてみたい——。

賭博の〝近代化〟はこうして行なわれたのであるが、つまるところ賭博の本質は運命に賭ける行為であることに変りはない。そこでは能力は偶然を補塡する一個の要素でしかない。冷静に観察すれば、賭博の〝近代化〟とは、卑屈よりも狡智に、自暴自棄よりも計算に、乾坤一擲性よりも採算を考慮した投機に賭けるということにほかならない。民衆はこの地点で満足したのである。

やがて社会の閉塞化とともに、彼らの心はただ偶然の輸贏《しゆえい》をあらそう射倖性に充たされてしまうのである。

## 投機の発生

原始蓄積の強行過程における波瀾と曲折にみちた経済の動きは、近代化にとりのこされていた事業経営者の心情を、ふだんに投機的行為に追いやる結果となった。インフレと輸入超過は取引所の空相場を煽りたて、納税期の米相場暴落をあてこんだ買占めが横行した。十四年(一八八一)、松方デフレーション政策断行以前の洋銀取引相場などは、高騰につぐ高騰のため、ブローカー以外の素人が相場に手を出すにいたった。

「近来横浜にては、シナ人はじめ欧米人まで銀貨高低に耳目をそそぎ、本業は手にもつかず、ついにこれをもって賭博を試みるにいたりしもの多きはおどろくに堪えたることにて、今日の形状にては横浜市場は一大賭博場と称するも誣言《ぶげん》にあらざるべし」（『朝野新聞』明治十四年五月十四日）

当局は営業停止の罰則をもって警告したが、密売買を根絶することはできなかった。そのほか株式相場や、これに付随する「薄張り」「合百《ごうひゃく》」等の純然たる賭博行為など、投機現象に伴う賭けの習慣は明治期に定着したのである。

このように前期的な経済体制下にあって、賭博振興により景気を振興しうるという珍論理があらわれたのも当然であった。

二十五年（一八九二）十月二十七日の『郵便報知新聞』にこんな広告が出た。

賭博奨励演説会

この沈睡せる社会を覚醒し、大いに財物の融通を謀り、社会に活気をあたえ、不景気を挽回する目的ならびに刑法上に賭博律を置くの不道理なることを認め、断然賭博律を廃し、公に大いに賭博を行ない、さかんに富くじを興すよう致したし。よって賭博律廃止請願を本年第四議会に提出す。ゆえに十一月十日正午より東京神田錦輝館において大会を開く。

とあって、「賭博律廃止同盟事務所（東京芝田村町一八）主任者、宮地茂平、津田官次郎」と署名がある。宮地は民権運動さかんな頃、ときの政府に日本脱管届を出した変り者であって、この大会も売名行為であることは明らかだが、それにしても時代の性格を見ぬわけにはいかない。

### 貧民社会と賭博

一方、中・下層階級は、とくに両大戦後の精神的混迷もあずかって、競馬・チーハー等の組織的賭博に身を染めた。馬券への熱狂は第二次大戦後の競輪流行時と同じ性質のものであり、チーハーは浮浪民化した都市下層大衆の射倖の具として、パチンコと同様の意味を有していた。いや、それ以上に実業の貧弱、産業の繁栄という経済的現実の中で、全剰余価値を収奪された彼らにとって、賭博こそ生活の資を仰ぐ重要な手だてであった。

鈴木梅四郎（一八六二―一九四〇）の貧民社会ルポルタージュに、

「彼らの賭博を嗜むは、賭博それ自身を嗜むにあらずして、その結果なる飲食を嗜むという方、適当なるべし。何となれば彼らは入牢の囚徒のごとく、その食物を賭すること多きのみならず、あるいは金銭を賭することあるも、その勝敗ともに飲食にて結局するものなればなり」（『大阪名護町貧民窟視察記』明治二十一年、一八八八）

とある。いわゆる射倖心が人間の本能などというまえに、これが社会的窮乏と相関関係にある事実を知る方が重要であろう。

## 明治の博徒

前後するが、十五年（一八八二）施行の旧刑法のもとでは「財物を賭して現に博奕をなしたものは、一月以上六月以下の重禁錮に処し、五円以上五十円以下の罰金を付加す」とあった。これが前述の賭博奨励演説会の動機となったのであるが、ひきつづいて十七年一月、当局は賭博犯処分規則をつくって職業的賭博犯を取締る体制を整えた。当時の新聞に、「賭博の犯罪は行政官たる警察の処分に帰せり。このことたる、東京においてはさまでの関係なきがごとしといえども、地方にいたりては往々博徒党を結び、無頼の輩を嘯集し、怠惰の遊民を翕合《きゅうごう》し、時として良民を妨害し、あるいは官吏に抗するの宿弊なお止熄《しそく》せず。坂東諸郡においては最もその弊あるを見たりき」（『東京日日新聞』）とある。

明治の博徒といえども、旧幕時代の体質をいくらも脱け出ていたわけではない。むしろ農村社会の解体、再編成が進み、賭博人口の都市集中化や絶えざる流動化により、安定したナワバリを保持することが不可能になっていた。加うるに主要賭博の社交化である。花札などは家庭に潜りこんでしまったほどで、博徒にとっては一大脅威であった。

このような事情が重なって、彼らの安定的な地盤が崩れてくると、たまたま所有していたナワバリを死守するため、ふだんに血なまぐさい闘争を余儀なくされることになる。

十三年（一八八〇）、千住の博徒が賭場のくずれから大げんかを起し、親分が拘引された際、数十名の子分どもが長刀・竹槍をかざして警察署に切りこんで、親分を奪還した。最寄の分署から応援の巡査が駈けつけたが、一党はどこかに潜伏してしまい、すでに影も形もみえなかった（『東京曙新聞』明治十三年九月二十九日）。

十五年、奈良で勢いをふるっていた奉書政なる親分と、近郊の太平というこれも数十人の子分を擁する者がナワバリをめぐって決闘した。

「当日の未明より両人は、かねて約束せし場所に赴きしかば、双方の子分どもはスワ親分の一大事とめいめいエモノをたずさえて駈けつけたるに、政と太平はいずれも三尺に余れる太刀を抜きかざして進みより、一上一下、虚々実々、秘術をつくして戦ううち、太平は刀をうち落とされ、ひろいとらんとするところを政は得たりととびかかりて肩先より大袈裟に切りつけたれば、なにかはもってたまるべき、ウンとさけんで俯ぶせに倒れたるを、たたみかけてまた一太刀切りつけしに、太平の子分らは親分の敵のがさじと、政を取りまきうたんとせしを、からくもその場を切りぬけて、いずこともなく逃げ去りたり」（『朝野新聞』明治十五年十二月六日）

民権運動弾圧の血なまぐさい記事の中で、このような博奕うちのけんかのごときは目立たなかったかもしれぬ。ともあれ、似たような事件がほとんど明治全期を通じて続発しており、これが明治人の抱懐していた博徒イコール俠客のイメージを決定的に傷つけた。

## 俠客礼讃の実体

もともと旧幕時代の「俠客」とは、けっして弱きを助け強きをくじくというようなものではなく、単に放蕩無頼の無産者中における実力者というにすぎない。信義や約束を守り、義理人情に厚いというのは営業上の方便であって、これとても講談語りなどによって誇張されたものである。だいたいこの講談師の多くが貞山派をはじめとする博徒あがりで、彼らは汚辱に充ちた前身を美化するために、つごうのよい論理をでっちあげたのであった。

だが、明治の知識人までひっくるめた俠客崇拝の精神は、このようなトリックばかりではなく、没人格化の進行する資本主義体制の中における、ひとつの野党的シンボルとしての意味が強い。それは反体制というようなものではなく、まことに安直な〝対立依存〟的概念ではあったが、現代にも「やくざ礼讃」精神としてひきつがれ、多数の日本人の心に前近代的な影をおとしている。

博徒を礼讃することにより、間接的に支配体制を批判するという発想は、旧幕いらいの苛酷な言論弾圧が生み出したものである。これが手段としてのみ意識されているうちはよいが、いつしか虚構を真実と見あやまり、安っぽいナルシシズムに身を委ねるようになってくると、真の批評精神をくもらせることになる。昔のやくざは良かった、それにくらべると現今の博徒はどうか、政治家と同じではないか、というような破壊力に乏しい三段論法ができあがる。その世をすねたような卑小さを自覚しないところに、たとえば明治後期の国粋派論客の頽廃があった。

四十四年（一九一一）一月の『日本及日本人』は任侠特集号だが、当時の一流名士をズラリと並べてヤクザを語らせている。そのほとんどが礼讃であって、なかには「真正義侠的人物を養成するための侠客学校をおこせ」と主張している者すらある。

だが、彼らの論調が「賭博以上の悪事をかさねている当路《とうろ》の大臣連」に対する批判にとどまっている間はよい。すでに同じ誌面の中には「任侠道は武士道の変型」（井上哲次郎＝哲学者）という超論理が顔を出している。これが、忠君愛国を国民道徳として任侠と直結させた昭和の為政者の発想に、そのままつながることはいうまでもない。

本来、社会的機能が正常な時代にあっては、秩序の紊乱《ぶんらん》者が範型となることはない。しかし、そうでない社会にあっては彼らの正体に歪められたイリュージョンが与えられ、規範として復活する。すでにこのような社会にあっては、博徒のみならず、人民そのものが集団的掠奪者・強盗に退化している。

このような風潮が決定的になったのは、明治国家がアジアにおける帝国主義的侵略国家に脱皮した、まさにそのときであった。

## 2 競馬

### 馬券を「切手」といった

近代賭博としての競馬は、大正時代に態勢が整えられたのであって、明治にあっては必ずしも平坦な歩みを見せていない。

皇室や特権階級の庇護により成長し、日清日露戦役後の刹那的社会風潮により急速に膨張したが、それも束の間で、民心のアモルフ（無秩序）を恐れる施政者によって禁じられ、大正期に復活するまでの約十五年間はまったくの空白であった。

日本人主催による競馬は明治三年（一八七〇）、九段において兵部省主催のもとに行なわれたが、これは勝った騎手（主として軍人）に「袂時計、羅紗戎服地《らしやじゆうふくじ》、ブランケット（毛布）」などを与えただけで、馬券は発行されなかった。

このモデルとなったのは、慶応二年（一八六六）に幕府の出資で完成した根岸村（現在横浜市中区根岸台）の外国人競馬場であって、S・ウオッシュバンの小説『外国人』（明治三十一年、一八九八）によって彷彿することができる。主催者は外国人で「ヨコハマ・レ

不忍池の競馬（『緑蓑談』）

ースクラブ」と称した。馬券はヨーロッパ式であったと推測される[1]。

明治に入ってからは、七、八年ごろより日本人も参加するようになり、三十九年（一九〇六）までは日本でただ一つの馬券発行式競馬として有名だった。『風俗画報』に、

「毎年春秋二季、三日間ずつ内外人の大競馬ありて、その間は商館の取引までも休止するまでに熱中し、ほとんど狂するばかりの賑いなるが、馬の勝敗はただちに賭となりて、いっきょに数十万円の輸贏ありという」（明治二十六年、一八九三）

とある。

民間の日本人による競馬は明治十二年（一八七九）、戸山におけるものが最初で、有名な上野不忍池の競馬は十七年からである。須藤南翠（一八五七―一九二〇）の小説によって、その景観がしのばれるが、以下に要旨を記してみる。文中「婦人財嚢《ざいのう》賞」とあるは、臨席の高官夫人より手渡される賞品のことである。

「四月二十八日は不忍共同競馬会社にて春季競馬会を催すべき第二日目に相当して、この

日は貴夫人令嬢の一致合力に成りたちたる婦人財嚢賞の当日なれば、在府の貴顕紳士はもとより遠近より集いくる看客は、馬車を駆り人力車を急がして上野公園に走する。その雑踏はじつに鼎《かなえ》の沸くにひとしく、眼界の達するかぎりは一塊の土をだも見ること能わじ。天をもしのぐべき日章旗をひるがえし、馬見所の楼上には深紫の幔幕《まんまく》をうち張り、和風をふくませてうたせたり。貴婦人令嬢は百花の色を争うがごとく、紅葉の錦を織るがごとし」

かんじんの競技の模様は端折っているが、この行事に賭けが付随していたことが次の一節によりわかる。

「紳士とおぼしくモーニング・コートの男に、フロック・コートの左の胸へ競馬会社の徽章をつけたる男、さらに一人はスコッチの背広を着用せし商人が、あたりに憚りもなく、

(甲)どうです、ぼくの慧眼には恐れいったろう。なんでもいいから出したまえ。

(乙)おそれいったよ、きみ仕方がないさ、受け渡しをしっちまおう、エ、。

しきりに罵りつつ裏がくしより紙入れを取り出すに、商人も口のうちにて呟きながら、これもいくらか揃いたる兌換紙幣を取りいだして、ともにモーニング・コートを着せし男に渡すに、にっこり笑みて額を改め、

(甲)たしかに五十円受けとったよ。そのかわりにゃア君たちに夜食をぼくがおごるとしよう」(『緑簑談《りょくさだん》』明治十九年、一八八六)

かなり大っぴらであったらしい。もっとも行幸した明治天皇の前では、神妙な顔をしていたろう。

不忍池・九段の両競馬はいったん廃され、十三年（一八八〇）に三田競馬が最初の馬券を発行したが、これは「見物人に切手を売出し、その番号に当れるものは数十倍の利益を得る法」（『東京曙新聞』十一月二十四日）というも、一説には馬券でないように記してある文献もある。

（1）ヨーロッパ式とは単勝式・複勝式の二種のみで、連勝式は発売しない。

### 大衆の賭博として

競馬が賭博企業と化したのは戦争を機縁とする政府方針の転換による。大陸戦線における重要な輸送力、戦闘力であった馬が、清国やロシアのそれと決定的に劣ることを発見し、これではならぬと馬政三十年計画をしき、本腰をいれて品種改良にのりだした。優秀な種馬が輸入され、また能力検定の競馬が行なわれるようになった（のちに四十年から大正十五年にかけて、騎乗速歩や繫駕《けいが》レースも行なわれた）。

経済的権益を鵜の目鷹の目で狙っていた貴族ブルジョワたちは、こうした風潮に便乗して一挙にギャンブルレース公認に持ちこもうと、三十九年（一九〇六）東京競馬協会を設立した。表向きは「乗馬の技術および馬区の使用法を練馬し、あわせて社交を助けん」との趣旨に出ていたが、内実は「賭金を公許し、大いに斯道の奨励を図らん」筈であった（『国民新聞』五月九日）。

池上における開会当日は武家ハカマに白ハチマキの「女馬術家」まで現われたというから、時代がかっていた。

しかし、劇的かつスリリングな賭け馬の魅力は、一般大衆の心を強くとらえた。日露講和条約の不満いまださめやらぬ彼らは、ここに鬱憤のはけぐちを見出したのであった。日比谷の焼打ち事件で大衆暴動の恐ろしさを胆に銘じた施政者が、適切なエネルギー逸脱手段として競馬を〝黙許〟したのであることは、もはや疑いない。その後わずか二年のうちに、川崎、板橋、松戸、目黒、京都、大阪、小倉、新潟、札幌など各所に合計十三カ所もの公許競馬場を林立させたのである。

たちまち弊害が続出した。私設馬券売場が出現し、サギ行為が横行しはじめた。その一つが「ガラ」というクジ賭博で、競馬に応用した方法は不明である。

「アナ」は黙許されたという。これは現在の「単穴」「連穴」を意味するものであろう。

私設馬券の組織は親元、帳付、運送の三者よりなる。帳付は大きな組織にいる。運送は客係であり払戻金を払う役である。客が買った馬が負けるときは親元の勝となり、勝の場合は見越して実物馬券を購入、競馬場より払戻しをうけて充当するのである。

競馬場のサギといえば「スイッチ」が代表的で、これは穴場で来会者を勧誘し、馬券代を受けとると面前で買ってみせるが、混雑にまぎれて相棒に渡してしまう。渡された者はすぐ穴場へ戻ってファンに売りつける。一方、勧誘者は逃げるか、券を落としたと言ってトボけるのである。

### 明治競馬の終り

四十一年（一九〇八）六月の鳴尾競馬（兵庫県）では、馬券四千百六十九枚の売上げが四十五万七千円、そのさいの「古今未曾有」の大アナが六百三十円であった。この程度の規模だったのである。

同じ年の十月、挙国一致・国威宣揚をスローガンとする桂内閣は「風教維持」のためと称し、馬券売買禁止令を発し、競馬会社はたちまちにして解散か自然消滅かという瀬戸ぎわに立たされることになった。もっとも少額の補助金は交付するというのであったが、これでは芝刈人夫の給料にもならぬというので、馬政局の役人が辞職するさわぎとなった。

頼みのつなの補助金すら、地主ブロックの牙城・政友会の反対で御破算となり、騎手は愛馬にまたがって国会にデモを行ない、一時は戒厳令寸前という混乱を醸した。

このスペクタクル・シーンを最後に、明治競馬史は一応の終りをつげるのであるが、例によって蛇足がある。馬匹共同競馬会社にのみ馬券が黙許されたというのである。むろん、各地の競馬場も背に腹はかえられず、ひそかに馬券を売りさばいた。それを買った中村芝《し》翫《がん》らが、なんと治安維持法違反で罰金五百円をくらった例もある。大逆事件のころであった。

なお、政府が財政難のきりぬけ策として、ふたたび馬券発売をみとめたのは、大正十二年（一九二三）である。

## 3 チーハー

### 神秘的な賭博

もと中国に発し、朝鮮を席捲、明治初年に横浜神戸等居留地の南京街に潜入してきた。一種の文字遊戯で、尾佐竹猛氏の考証によればこの形式にいたるまでに三つの段階がある。まず「馬鹿票」という、千字文の文句の一部を消したものを当てる賭博、第二が「白鴿票《はくこう》」で、八十の字を一字ずつ紙片に記し、そのうち二十を伏せて五つ以上当ったものを勝とする賭博である。両者を折衷したのがチーハーで、その営業組織化にあたっては、旧幕時代における「三笠付」の例が踏襲された。

「馬鹿票」は「チーハー」が一時下火になったとき「バカッペイ」として流行したことがある。

チーハーは現代人の常識からみると甚だ理解に苦しむところの多い賭博である。しかし明治の大衆は、これを熱狂的に受けいれたのであった。

この賭博の根柢には古代の易の思想がある。宇宙の森羅万象は三十六の卦《け》が三通りの変化をし、それがさらに七通りの変化をしている。これをもって宇宙の森羅万象を解することができるという一種の多元的宇宙論である。ひらたくいえば、三十六個の名詞にそれぞれ多様な意味が付随しており、それをさらに分類して何通りかに再編成し、直感的に意味をひきだそうというのである。現在でいう理論などはない。

三十六の卦は次のとおりで、俗名は日本人がわかりやすいように事物になぞらえてつけたのである。

占魁《チンカイ》（汽車、むかで、白魚）
板桂《バンケイ》（泥棒、蛍、さざえ）
栄生《エイショウ》（葬式、雁、鴨、赤ん坊）
逢春《ホーシュン》（雀、乳）
志高《シタカ》（すもう、大将、華族、みみず）
月宝《ゲッポウ》（月、水、雪、うさぎ、綿、妊婦）
正順《ショウジュン》（猪、うじ、しらみ）
坤山《コンザン》（馬鹿、虎）
漢雲《カンウン》（牛）
江祠《エードウ》（船）
福孫《フクソン》（犬、巡査）

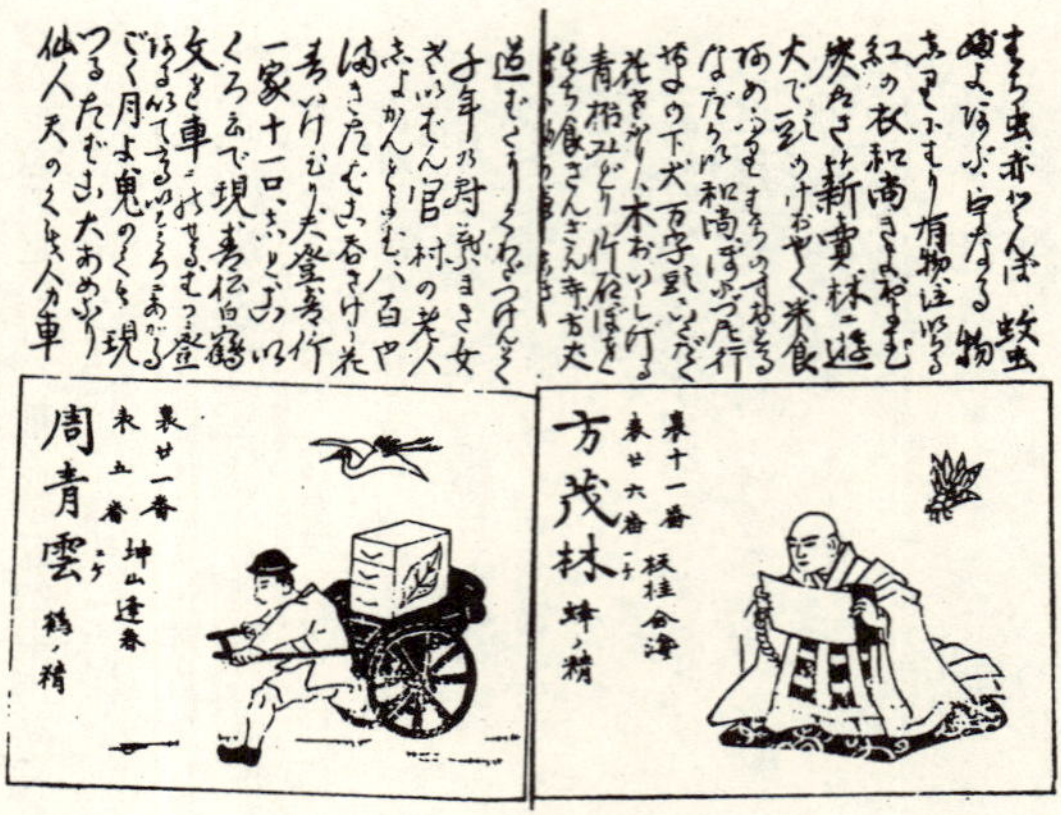


『かくれみの』

光明《コウメイ》（白馬、上役人）
有利《アリー》（蟻）
只得《チヨツタ》（猫、口）
必得《ビツタ》（ねずみ、下駄）
茂林《モーリン》（蜂）
青雲《セイウン》（鶴、雲）
天申《テンシン》（雷）
艮玉《ゴンギヨク》（かいこ、蝶々）
明珠《メイシユ》（酒）
上招《シヨウシヨウ》（女郎、つばめ）
合同《ゴウドウ》（女泥棒、鳩、むこ）
三槐《サンハイ》（猿）
合海《ゴウカイ》（蛤、貝、嫁）
九官《キユウカン》（鳥）
太平《タイヘイ》（兵隊、国旗）
火官《ヒーカン》（かめ、仕事師）
日山《ニツサン》（太陽、にわとり）

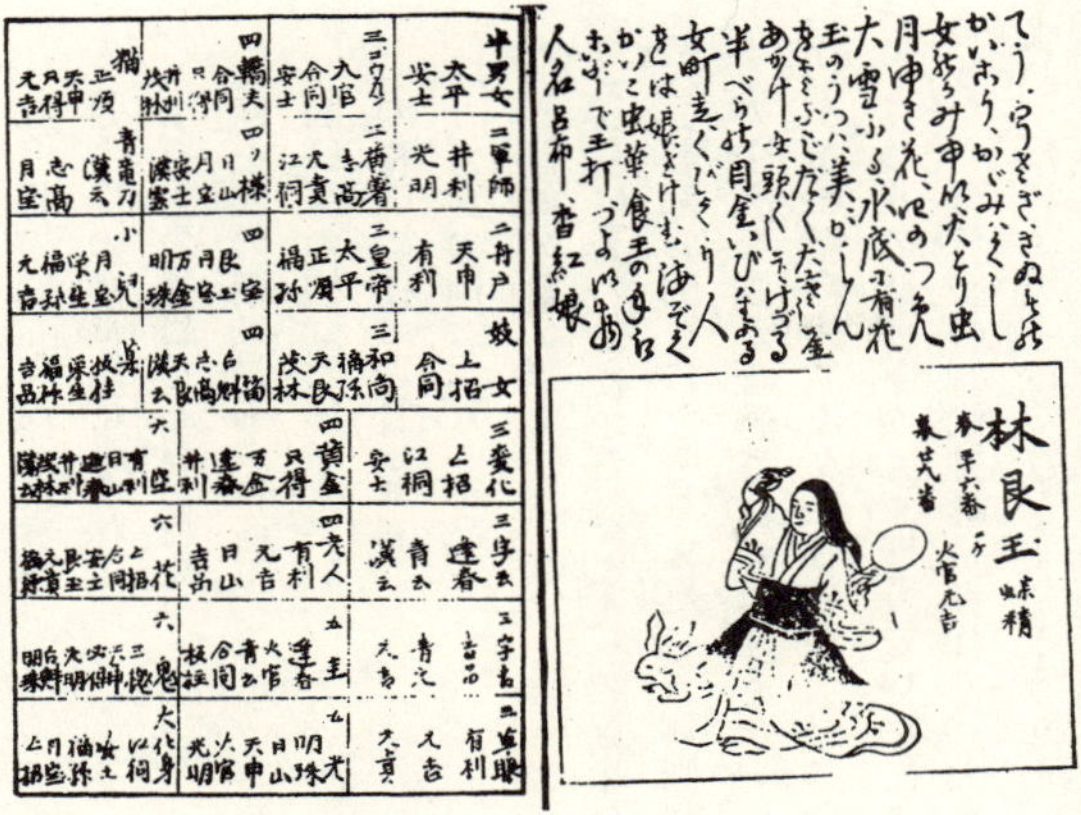

『かくれみの』

天良《テンリヨウ》（あんま、うなぎ）
井利《イリ》（鯉、ふな、たい）
元貴《ゲンキ》（かに、えび、陰茎）
万金《マンキン》（金、蛇）
青元《セイゲン》（俳優、くも）
元吉《モトキチ》（芸者、鹿）
吉品《キッピン》（羊、女陰）
安士《アンシ》（稲荷、狐）

これは一例で、明治初期秘密出版の『かくれみの』を見ると、じつに豊富な意味がのっている。その飛躍的な想像力は、なかなかシュールレアリストの詩人もおよばぬところがある。

各卦には番号がついており、さらに別の隠し番号があって、馴れたものは番号だけで賭けることができる。この卦はさらに次のように分類される。

四状元の棚（占魁―逢春）
五虎将の棚（志高―漢雲）
七生理の棚（江祠―茂林）
二道士の棚（青雲および天申）
四夫人の棚（艮玉―合同）
四好命の棚（三槐―太平）
四和尚の棚（火官―井利）
五乞食の棚（元貴―吉品）
一師好の棚（安士）

これらは易のうえから言って、無意味な分類ではないのであろう。それを説明するために人体各部の働きになぞらえた「人体図」というものが、張子に配られたのである。むろんこのような図が理解されるはずもない。しかし睨んでいると、人為的な操作の含まれる余地がない超自然的ななにものかが感じられてくる。結果的にはアテずっぽうに賭けるので、ふつうの賭博となんら変りないのであるが、占魁だの四状元だのといったいかめしい響きや、人体図の妖気に魅せられて、大衆はついなけなしの銭を張りこむのであった。チーハー流行のカギは、ひとえにこうした〝呪術性〟にある。それこそ賭博の原初的な特性であって、遠いむかしのチーハーの発明者はそれを引きだし、たくみに利用したのであった。

### 大衆へ食いこむ組織

チーハー賭博にあっては、張子が一堂に会する必要はなく、「運送」役が筋《すじ》紙と付和《ふわ》紙をもって各戸訪問を行ない、賭銭を徴収する。

この筋紙とは、占魁以下三十六卦を表にしたもので、買う方は下の空欄に印をつければよい。付和紙とは出題用紙で、一行のときは一日一回、二行のときは前場・後場があることを示す。むろん各場について別個の募集をするのである（二七六頁図参照）。

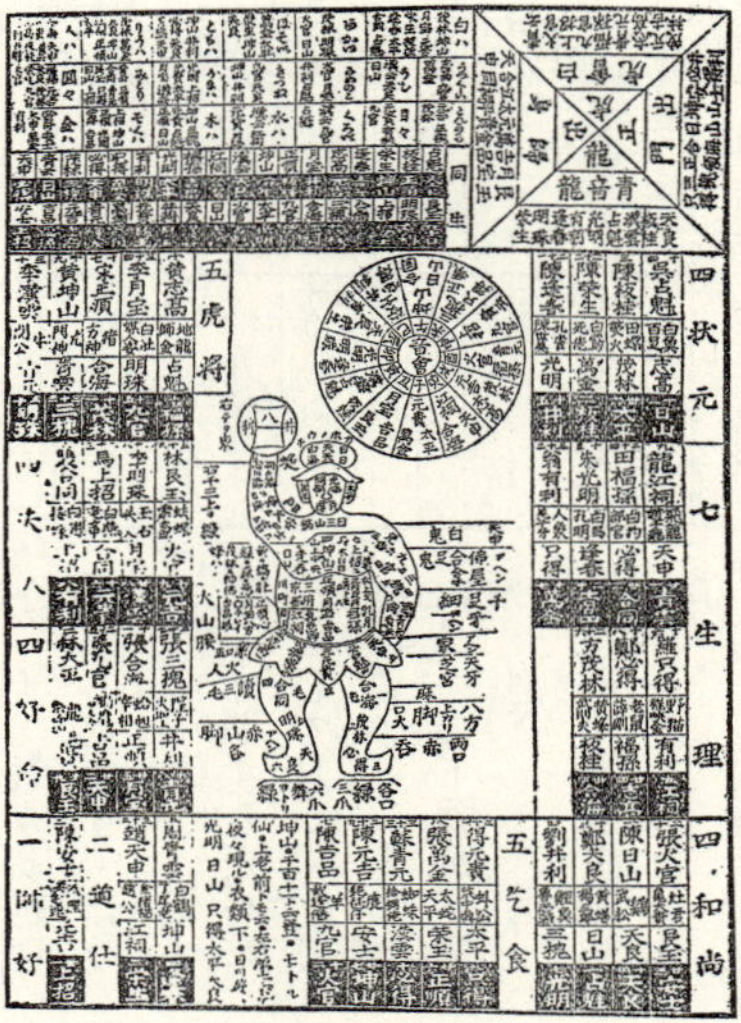

チーハーの人体図
（尾佐竹猛『賭博と掏摸の研究』）

出題といっても甚だ神秘的なもので、四言あるいは五言絶句めかしたものが記してある。

儀理不知、内之首尾

| | |
|---|---|
| 占魁 | 艮玉 |
| 板桂 | 明珠 |
| 栄生 | 上招 |
| 逢春 | 合同 |
| 志高 | 三槐 |
| 月寶 | 合海 |
| 正順 | 九官 |
| 坤山 | 太平 |
| 漢雲 | 火官 |
| 江祠 | 日山 |
| 福孫 | 天良 |
| 光明 | 井利 |
| 有利 | 元貴 |
| 只得 | 萬金 |
| 必得 | 青元 |
| 茂林 | 元吉 |
| 青雲 | 吉品 |
| 天申 | 安士 |

チーハーの筋紙（尾佐竹猛『賭博と掏摸の研究』）

日本魂神似、土人野猪如

あてずっぽうな作文であるが、これが三十六卦のうち何に該当するかを考えさせるのである。出題者はフェアを期するために、解答を記した紙片を封じ、厳重に保管しておく。開封は運送人立ちあいのもとに行なわれる。この役にも階級があって、現場に立ちあうのを本運送、その下請が下運送である。彼らは当った者から賞金の二割をとり、胴元からも四パーセントの手数料をもらう。かく利益に直結するので、現場で巧みに当りくじとすりかえる手合もあった。

この開封の現場は当局の目を逃れるため、毎日ところをかえた。親は帳場役に解答を持たせて現場へ派遣する。帳場役は当った紙へ判をおし賞金を渡す。運送はそれを各戸へ配送するという順序である。当りが出すぎて親がマイナスとなった場合、相場の解答と同じようにドロンゲームとすることもあった。一つの卦に人気が集中することがあって、親がそれを知らずに出題すれば損をする。

解答の場合、張子に知られぬようにやるのは勿論である。

確率は一見三十六分の一にみえるが、出題には次のような制限があった。

一度出した卦は続けて二度出すことができない。

合字の卦は出さない（元貴―元吉―青元）。張子が誤って張った場合は親が返してくれる。

各棚において三卦のうち二卦つづけて出したら残りは出せない。

殺し目といって、親が縁起が悪いと思った卦はぜったい出さない。

このような制約があると確率は上昇し、親に有利とはいえなくなる。そこで運送を動員し、できるだけ多くの賭銭を徴収することが必要になる。賭銭の額は、零細収入の階層が相手だから、一銭から十銭が多く、賞金はまちまちであった。

「横浜太田町岡田金太郎方の雇人石川恕三郎（四十三）は、これまでたびたび居留地のシナ館にて興行するチーハーの札を買い、勝負を試みしも一度もあたらず。しかるに一昨日は十銭で買いし札が六円六十銭のあたりくじとなりしかば、当人は喜び勇み、その金を持って諸方にじまんして歩きしを、たちまちその筋の耳にはいり、ただちに捕えられて昨日横浜軽罪裁判所に送られたり。これも金が敵にこそ」（『東京日日新聞』明治二十年五月十四日）

賭金が六十六倍になったという例である。二十二年（一八八九）に入ると当局も取締りに本腰となった。

「チーパに関する内訓　○従来清国人にしてチーパと称する富くじ興行する者を認めたるときは、その住所氏名を尋問し、またはこれを手記せしめ、現場放還のうえ書類のみを検事へ送致しきたりしところ、その筋より訓示の趣きもこれあるに付き、自今外国人取扱心得三十九条に基き、現行犯人として直ちに本人所轄の検事へ引渡すべしと、このほど警視総監より各警察署へ内訓されたり」（『読売新聞』九月十八日）

このころは、チーハーを富くじの一種とみる法解釈が通用していた。両者が別物であるという判例が出たのは明治三十八年（一九〇五）で、賭博は親元の損・益に帰するもの、富くじは常に利益に帰するものとの便宜的区別が考えだされたのであった。

### 博徒にのっとらる

それはともかく、取締りを厳しくしてもチーハーのような地下組織はいよいよ深く潜入するばかりで、いっこう効果はあがらず、二十五年（一八九二）の新聞には景気のよいものとして、新代議士、銀行頭取および紳士の妾、娘義太夫などと共に「チーハー」と記してある（『国民新聞』三月九日）。しかし、同年の十一月ごろ、チャボ飼育が流行したため一時下火となり、かわりに「バカッペイ」が出現した。

条約改正や日清戦役などの影響により、中国人の地位が下落するや、チーハーの主催者は日本人博徒にかわった。

「横浜や東京府下にては、かの南京賭博チーハーが大いに流行しはじめたり。もとこの賭博は築地のシナ人某が親元なりしを、日清戦争いらいまったく日本人の無頼漢の専業となり、目下神田、四谷より郡部荏原方面にも伝播し、付和紙というチーハーの題を摺りしものを配布し、朝夕二度開帳するという。その一題一銭にあたるときは、三十銭のうち運送代二銭を差引き、濡れ手にアワと二十八銭の利益あれば、一銭二銭または宝珠の玉へ、のろい貯金をするよりこの方人気強く、三助もお鍋も窓から手を出す繁昌なりと。その筋の取締り行き届かぬにや」（『京華日報』三十一年五月十九日、要旨）

関西では神戸の南京街に起り、二十五年ごろ「兵庫の芋作」なる博徒が経営権を掌握した。その後大阪へも伝播、日清戦役除隊の軍人が経営して大いに利を博した。

博徒はある程度取締ることはできたかもしれぬ。しかしチーハーに熱中する下層大衆を根絶することは、貧困を根絶することが不可能である以上、到底のぞみ得ないことであった。禁ぜられては逼塞《ひっそく》し、また盛りかえし、ついに昭和初期におよんだが、なかんずく大正時代が最もさかんで、スラムを歩いていると、チーハーの符牒で天候のあいさつがきけたという。

## 4　明治の富くじ

### 「タムスン」のアイディア盗用

治外法権の別天地、築地の居留地は、一坪一両二分、地租は一カ年一分二朱であった。西欧風の高館が建ち並ぶ中に、ところどころ中国商人の店舗が散在していた。ギヤマンなどの装飾品を商う店、料理店などである。彼らの雇人には同じ中国人のほか日本人も多数いて、富くじの伝播者としての役をつとめた。

明治六年（一八七三）九月、築地十七番の「タムスン」という外国人が、毎月十五日に富興行を行なうと広告した。発売した富札は図（一八一頁）のとおりだが、日本人の協力があったことは一目瞭然である。

これが黙許されたのを見た日本人が、治外法権にかくれて外国人の名義を借りうけ、堂々と富興行を行なった。七年二月には、このような連中を罰金刑に処したという記録がある。

こえて十五年（一八八二）には太政官令をもって、くじの購買者にも厳罰を科すると布告があったが、むろん治外法権下の外国人には及ばず、したがって目にみえた効果はなかった。彼ら外国人は十八年ごろより富くじ会社なるものを組織し、主として外人間で売買を行ない、日本人も外国人名義ならば購入を許可した。

二十五年（一八九二）ごろの一例を見ると、富札一枚一円、くじ総数五千本、当りくじ三百八十二本、一等千円以下五百円、三百円、百円、最低は二円、「つき減り」は当選金の百分の五という、当時としては高額な賞金であった。

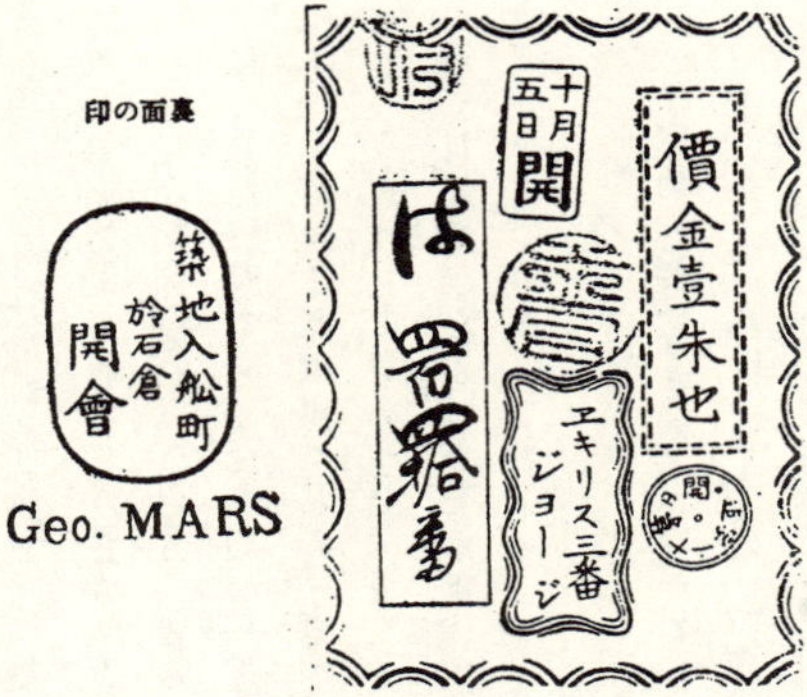

タムスンの富くじ（宮武外骨『明治奇聞』）

開帳場所は居留地百八十五番のチャリエス方で、出入する日本人は京浜間の両替屋の主人、東京府下の銀行員などが多かった。

ちょうどそのころ、三菱の岩崎の一族が、このような富くじを購入したというので新聞ダネになり、その兄が新聞広告によって事実無根を主張するという、一場の珍事が出来した。もって、富くじが社会上下を問わぬ大きな話題だったことがわかる。

主催者たる外国人も鼻息荒く、三十二年（一八九九）には自分たちの方から、「条約改正の結果、日本の刑法が適用されるようになると、われわれも処罰されるのか否か」という伺書を当局に提出している。

無定見な関係各省は、自分の管轄ではないと逃げをうった（『東北新聞』五月三日）。

こうした風潮であったため、一部の新聞は販売政策に富くじを利用し、銀行は債券募集にあたって「これは富くじの一種である」といった宣伝を行なうなど、取締りも眼中にないというありさまであった。

富くじが滅びたのは、三十年代に入ってからで、新たな射倖賭博たる競馬の流行などが原因をなしている。

### 植民地の恥はかき捨て

三十九年（一九〇六）六月、台湾総督府は植民地政策と財源確保の一石二鳥をねらい、「彩票」という富くじの発行を計画した。

「台湾総督府においては、慈善・衛生・廟社保有を目的とする事業のため、彩票を発行することを得る」

彩票は貧しい現地人にとっては高嶺の花で、当初からの暗黙の計画どおり、半ば公然と内地へ入って来たが、取締当局間に了解がなかったのか、まもなく禁止された。

つぎが大連宏済彩票だった。これは関東都督府の入れ知恵によって、大連市が発行したもの。三十九年第一回を開催して、その後引きつづき清暦の毎月二十日に行なわれた。最初の票数二万枚、一等（頭彩）五千円、二彩五百円、以下五円までの当りくじがあり、翌年からはいっきょに倍以上の枚数を発行した。

四十一年二月に大連駅の貨物係の一人が頭彩一万円にあたったので、人気は絶頂にまでせりあげられた。次回の発売日には彩票局の門前は怒号狂乱、ついに十数人の負傷者を出すにいたった。枚数は四万枚という制限つきである。結果として買占め、ヤミ売りが横行した。

国内なら直ちに禁止されているところだが、植民地政策とは徹底した収奪にほかならず、この観点からすれば枚数の増加、価格の引上げより他になかった。一票一円、枚数六万枚、頭彩一万円一本、二彩五千円二本、三彩一千円三本、四彩三百円八本、五彩百円二十四本、さらに頭彩の前後に二百円二本、二彩の前後に百円四本、以下八彩五円と頭彩の末尾と同番号をもつ五千九百九十九票に各二円ずつを支払うこととした。この払戻金四万二千五百余円、取次店の手数料約三千円だから、彩票局の利益は一万四千五百余円となる。ただし、経営者は現地中国人であった。

当時、日本からは出稼ぎ根性の連中が集まっており、頭彩に当れば即刻逃げるように内地へ帰るのが常であった。しかし当り金はすべて銀貨で支払われたので、頭彩に当ろうものなら五十銭銀貨二万枚となる。だれもかれも人夫をやとい、荷車に積みこんでいく。むろんこのまま内地へは帰れないので、銀行などへ両替を頼むため、またぞろ「エンヤコラ」と車の後押しをしていくのであった。

植民地における、日本人の腐敗をもっともよく示していたのは、ほかならぬこの彩票当選者に押しよせる同胞の態度であった。出張中の寺院、医院、婦人救済所などから寄付勧誘がうるさく、デパートの御用聞きはくる、金貸し・事業家・新聞記者がいれかわりたちかわり。これでは定住を目ざしていた者も逃げ出さざるをえなかったという（石田竜三『世相百態明治秘話』昭和九年、一九三四）。

このほか安東や湖北などにも彩票は発売されていたが、日本人にもっとも人気のあったのは大連もので、いうまでもなく内地にも潜入していた。廃止は昭和のはじめである。

## 5　花札（弄花《ろうか》）

### 明治書生の「常識」

江戸時代に僥倖賭博として発生した花札は、明治に入って「八十八」およびその変化形式による知能賭博の性格をそなえ、社交の具として普及した。

その意匠と競技法が日本人の嗜好に適ったため、明治全期を通ずる禁圧にもかかわらず、各階層によって保有され今日にも及んでいる。

まさに日本の賭博だが、その非近代的イメージによって、今日の若い世代がもはや明治の青年たちのように熱狂することは考えられない。

「弄花流行甚だし、学生八十名拘引。かの厭うべき弄花は、社会の上下を通じて一般に歓迎せられ、なかにはこの技を知らざる者はほとんど交際場裡より擯斥《ひんせき》するという勢いのところもあるが、下宿の一室、学校生徒らもいつしかこの遊びを覚え勝負を争うもの多くあり。いまにしてじゅうぶん取締りをなさずんば、その害毒ついに計るべからざるにいたるべし。こころみに先月一日より三十一日にいたる一カ月間、神田本郷区内の学生にて、弄花により拘引せられたるものは、（神田区内）法学生十二名、医学生三名、その他の学生二十八名、（本郷区内）法学生八名、医学生二十四名、その他の学生六名、合計八十一名なりとぞ」（『読売新聞』明治三十年十一月十九日）

法学生の多いのは偶然ではない。これより五年前、社会の耳目をあつめた「司法官弄花事件」なるスキャンダルが発生していた。

## 裁判官も人じゃもの

国力いまだ堅固ならず、ロシア皇太子暗殺未遂事件にあっては、大国ロシアの報復を怖れて日本中がふるえあがった明治二十四年（一八九一）。急ごしらえの議会体制いまだ地につかず、非常識きわまる選挙干渉事件の起った翌二十五年。——こうした暗い事件のあいつぐ最中に、都下の新聞はいっせいに一つの怪聞をあばきたてた。

「風説は風説を生み、想像は想像をあらわす。司法部内の弄花戯の風説いまだにわかに信ずべからざるといえども、また一概に斥け難し」（『東京日日新聞』四月三十日）

その風説とは、大審院判事児玉源一郎が同僚たる司法官のなかに弄花常習者がいることを暴きたて関係者の懐柔策も効なく、ついに警視庁がのりだす騒ぎになった、証人には十四名の芸妓が出頭するというのであるから、新聞ダネとして格好の事件であった。

時の大審院長児島惟謙《いけん》（一八三七—一九〇八）は、六人の容疑者とともに懲戒裁判に付され、部内からも引責辞職を勧められたが、頑として肯かなかった。

というのも、ロシア皇太子暗殺未遂事件のおり、検察側と政府の圧力に屈せず司法権の独立をつらぬいたので、[1]これを遺恨に思っていた反対勢力が、よいチャンスとばかりに惟謙放逐を図ったのである。

全員無罪となったが、威厳失墜のかどにより、司法界の最高権威はあっけなく罷免されてしまった。当時この事件を権力闘争と見た者は少なく、単なる社会面の話題とされたにとどまった。「見つかったやつは運が悪い」式の感覚であったことは想像するまでもない。花札は各家庭に一組ずつと言えるほどの勢いで普及していた。

花札に子のない夫婦起きている（巷頭子）

（1）行政権力はロシア側におもねるため、刑法条文を無視して、犯人津田三蔵を死刑に処すよう主張。これに対して大審院は問題を憲法的法秩序の視野から捉え、死刑にはできぬこと、外国の皇室に対する犯罪と日本のそれとを同列に扱う矛盾を侵すことになると主張、結局意志を貫いた。

### 馬鹿花

花札はかつては日本社会に広く普及していたが、現在の若い世代にとっては無縁の賭博と化しつつある。したがって、ここに競技法を略説しておかねばならない。

まず四十八枚の点数は合計二百六十四点となる。タンザク札十枚（梅・松・桜・藤・カ

花札の意匠（明治後期）

キツバタ・牡丹・萩・菊・雨・紅葉）は各五点である。梅にうぐいす、藤にほととぎす、カキツバタに八ツ橋、牡丹に蝶、萩にいのしし、ススキに雁、菊に盃、紅葉に鹿、柳につばめ等の九枚が各十点、松に鶴、桜に幕、ススキに月、小野道風にカエル、桐に鳳凰の五枚が各二十点、その他（素物またはスベタ）が各一点となる。

これを三分すれば八十八点となるので、競技者三人各自の持点とし、超過したものを勝とする。二人いれば二人とも勝である。

手札は各人に七枚ずつ配られる。場札のうち六枚は場に曝し、残りは山札として伏せる。親は手札と場札を比較し、同種類の札があれば取得するし、なければ自分の札を一枚捨てる。いずれの場合にも山札より一枚をめくる。もしそのメクリ札のうちに、場札と合う同種のものが出れば、両方取得することができる。合わなければそのままである。

以下順にまわって札が尽きたとき精算する。

一名「馬鹿花」ともいうが、これは単純なゲームのためである。

### 横浜花

「横浜花」は居留地をひかえた、当時京浜間最大の繁華街、横浜から生まれたもので、複雑な役を加え、ゲームとしての興趣を盛りこもうとしたものである。詳説は避けるが、大正十年（一九二一）の『司法資料第一号』によって大略を記してみる。明治期と大差ないはずである。

チップとして黒白の碁石を分配する。黒十個ないし十二個が白の一個に相当するものと考える。一個を何銭とするかは当事者の定めるところによる。

勝負は十回あるいは十二回をもって一ラウンドとする。終って碁石がなくなった者は親から白碁石を借りる。これを借り貫というが、そのしるしに赤ダルマを交付する。

順番は花札を重ねて一枚ずつめくり、月の順にしたがって競技を行なう。一番が親、二番が胴二、最後が尾引《びき》である。

順序がきまれば、馬鹿花と同じ方法で札を配る。四人以上の場合は落伍者をきめるが、これには「逃げ」（一定の支出をして脱退する）、「落ち」（他の者に札を売りつけて脱退する）の二種がある。

こうして三人がのこれば、たがいに手役を公開する。つまり配札のときに自然にできた役のことである。約一ダースほどの手役があって、三本（同種札三枚。点数二貫）、赤（タンザク二枚以上で他はスベタまたは雨。全部タンザクの場合。三貫）、短一（タンザク一枚で他はスベタまたは雨のとき。三貫）、十一《といち》（十点もの一枚、他はスベタまたは雨のとき。三貫）、光一《ぴかいち》（光りものといって、二十点札のうち雨を除いた四枚のうち一枚を含み、他がスベタまたは雨のとき。四貫）、三双《くっつき》（同種の札二枚ずつ三組あったとき。はんぱの一枚はなんでもよい。五貫）、空素《からす》（スベタのみ。雨も同様とみなす。五貫）、手四《てし》（同種の札四枚がそろったとき。残りは何でもよい。七貫)、二三本《ふたさん》(三本二組と他の札一枚。六貫)、ハネケン(同種の札二枚二組のほか同種の札三枚がそろったとき。八貫)、一二四《いちにし》(同種のもの四枚と、二枚。他の札一枚。九貫)、四三《しそう》(同種のもの四枚と三枚。つまり手四と三本が同時にできた場合。二十貫で、「落ち」に対しても一貫請求できる)。

この手役は、よく見るとそれぞれ唯ひとつの札まわりにはならない。たとえば空素にしても、バラバラなときと同種のもの四枚・三枚がそろう場合がある筈で、後者の場合「空素四三」と称し、二十五貫の最高点となる。これを「重《かさ》ね手役」といって、次の三十一種がある。数字は点数である。

| | | | |
|---|---|---|---|
| 赤の三本 | 五 | 短一三双 | 八 |
| 光一三本 | 六 | 光三双 | 九 |
| 短一三本 | 五 | 赤二三本 | 九 |
| 十一三本 | 五 | 赤の手四 | 十 |
| 空素三本 | 七 | 空素三双 | 十 |
| 赤の三双 | 八 | 十一手四 | 十 |
| 十一三双 | 八 | 短一手四 | 十 |
| 光手四 | 十一 | 空素ハネケン | 十三 |
| 赤のハネケン | 十一 | 十一一二四 | 十二 |

| | | | |
|---|---|---|---|
| 空素手四 | 十二 | 光一二四 | 十三 |
| 短一ハネケン | 十一 | 空素一二四 | 十四 |
| 十一ハネケン | 十一 | 短一四三 | 二十三 |
| 空素二三本 | 十一 | 光四三 | 二十四 |
| 光ハネケン | 十二 | 十一四三 | 二十三 |
| 赤の一二四 | 十二 | 空素四三 | 二十五 |
| 短一二四 | 十二 | | |

競技は馬鹿花と同じ手順で行なうが、すでに手役の公開により、次に出る札の確率はいちじるしく制限されており、加うるに次のような十五の「出来役」があれば、捨て札、メクリ札の選択にあたってもほとんど偶然手番というものが存在しないことがわかる。ただ複雑なるがゆえの錯誤があるだけで、熟練者は配札のとき、すでに勝負がわかるのである。

出来役は、四光（松・桜・ススキ・桐の光りもの四枚。十二貫）、五光（四光のほか雨を加えたもの。十三貫）、裏菅原（松・梅・桜のタンザクものをそろえたとき。七貫）、青短（牡丹、菊、紅葉のタンザクもの。七貫）、青裏（裏菅原と青短と同時にできた場合。十四貫）、青四光（四光と青短と同時にできた場合。十九貫）、裏四光（四光と裏菅原。十九貫）、青裏四光（四光と青裏。二十六貫）、素十六（スベタ十六枚。十二貫）、素十七（十三貫）、素十八（十四貫）、素十九（十五貫）、素二十以上（二十貫）、総一パイ（三人勝負の場合、みな八十八点を得れば、親だけを負とし、二人に十貫をあたえる)、二タ八十八(総点百七十六以上を取得した者は、十二貫をあたえ、一点超過するごとに一貫を加える)。

一ラウンド十回(十二回)戦を終えたあと、一番勝ったと思われる者が吟味役となり、各自の点数を決定する。なお、一回戦ごとに切っておいた各自の石三十個もすべて吟味役の所有に帰するのである。

以上を基本として理解すれば、他のゲームも大よその見当はつく。たとえば「八十」とは「八十八」をもとにして、スベタだけを〇点と計算したものである。「一二三」「二四六」は出来役を簡素化したもの、「千六十」は点数を変更したもの。なお「六短」「七短」「八」「ケコロ」は二人で行なえるようにしたもの、「素倒し」は八人ゲームに改めたものである。

### 六百間

金子光晴『絶望の精神史』(昭和四十年、一九六五)の中に、第一次大戦後はじめてヨーロッパに渡る「佐渡丸」に乗って、重苦しい日本を脱出する人々の挿話がある。

「まっ先に、日本を飛び出してきた日本人が、ござ一枚敷いた蚕棚の寝台の上で、ごろごろしながら、ひどく単調なふし回しで、そのころはやりの『青島守備兵の唄』を歌っていたりした。車座になって酒盛りをしているものもあれば、蠟燭の暗いあかりで、飽きもせず、花札でろっぴゃっけんをやっているものもある。……」

このろっぴゃっけん（六百間）というのは、主として関西に行なわれた馬鹿花の一種で、単調なうえ勝負に時間を要する。総計二百八十点として二人で行なうが、双方の得点差だけを累算し、早く六百点に達した方が勝というものである。そこで、このような前途にたいした希望もない遠洋航路のつれづれなどには、もってこいの賭博だったのである。

### その後の花札

大正末年には約三十種以上の競技が行なわれていた。戦時中は軍の大陸政策の一環として、さかんに中国・朝鮮に輸出され、花札は当時唯一の〈公営〉賭博と化した趣きがあった。帝国海軍でも、艦底や倉庫の中では、博徒あがりを中心とする海軍ヤクザが毎夜のように賭場を開帳した。これは主として「オイチョカブ」であった。

花札を製造し続けた京都の任天堂は明治中葉にカルタ職人によって店開きした。裏紙のキズや色のかげりを厳しく排除し、昨今の用語でいえばＱＣ（クオリティ・コントロール）に努力したので、博徒衆から信用を博した。大正ごろからトランプ製造を手掛けたが、花札の隆盛のため、賭博としてのトランプはさほど普及しなかった。戦後は駐留軍の需要で多少はハズミがついたにせよ、所詮家庭用、子ども用にとどまっている。いまや社交の具としての花札は昭和三十年（一九五五）ごろより麻雀に地位を奪われ、衰微の一方。その麻雀も任天堂に関する限りすでに主流とはいい難く、主力はテレビゲームなどに取って替わられた。遊び用具のメーカーにとっても、クロウトの賭博の世界は過去のものになってしまっている。時は流れる。

## 6　トランプ・骨牌《かるた》

トランプは骨牌とともに日本特有の呼び方で、諸外国ではカード、もしくはプレイングカードでないと通じないが、江戸時代から誤って伝えられている。

名称はともかく、起源には諸説あって、かつては三世紀から五世紀ごろまで遡るといわれていた。また、古代インドで用いられた占具タロットがカード化され、ジプシーによって伝播されたものが、十四世紀以降イタリアをはじめヨーロッパ各国に普及したという説もある。日本には十六世紀にポルトガル経由で伝来したものの、花札文化に圧倒され、ようやく陽の目を見たのは明治に入ってからで、時代の風潮としての文明開化に後押しされ、その後は急速に普及した。

トランプの普及にあたって、特筆すべきはその神秘的な意匠や、占いやマジックを含む遊び方の多様性など、家庭を含む一般に受け入れやすい点、他のギャンブルを寄せつけない性格を備えていたことであろう。意匠自体も、小説や映画に多用された。代表的な例として、北原白秋の第二詩集『思ひ出』（明治四十四年、一九一一）の装画は、ダイヤのクイーンを用いた印象的なものである。

戦時はトランプのような賭博は一切禁止され、スペード、ハート、ダイヤ、クローバーなどもそれぞれ黒桃、赤桃、菱形、三つ葉などと言い換えられたが、トランプ自体はひそかに兵士の背嚢や慰問袋などに忍ばせることで戦地に持ち込まれ、その意味ではかえって普及したといえる。当時大流行の歌謡曲『湖畔の宿』（昭和十五年、一九四〇）も禁止曲であったが、その一節「青い女王（クイーン）の淋しさよ」（佐藤惣之助・作詞）という箇所には、しみじみ望郷の念をかきたてられたという。

こうした多様性は、日本のカードゲームの発達が単純では収まらなかった一因であろうか。平成に入るころからアニメやファミコン文化の延長として独自のカード類が続々と開発され、すでに家庭用の遊具としてのトランプを駆逐しかねない勢いである。

# 7　撞球（玉突き）

## 知識人のうさばらし

岩野泡鳴（一八七三―一九二〇）の五部作に登場する主人公、田村義雄は四十歳前後の英語教師。生活苦にやつれた女房と、二人のかわいげのない子供を嫌い、無計画な事業活動や女遊びに打ちこむ、自称〝思索的詩人〟。

この小説にはじつに頻々と撞球場面が現われる。明治の四十年代という、暗い精神的風土のなかで、八方ふさがりのインテリ階級は多くこれに熱中することにより、一時のカタルシスを購《あがな》い得たのであった。それは大正末期から昭和にかけての文士たちが、麻雀に熱中した場合に似ていなくもない。

ともあれ、泡鳴の『発展』（明治四十五年、一九一二）より一節を引いてみよう。

「永夢軒では、一方の台にプールの客が集まっているし、一方の台では芸者が客と四つ玉をついている。プールはいつも物を賭ける習慣になっているので、義雄は全く好まない。村松はそれを知っているし、また若い女のいる方がいいので、その方の椅子に二人並んで腰をおろし、女がしろ玉のつもりで赤たまをつきかけたり、ついた玉が突っ拍子もないところへ走ったりするのを見て、笑っている。

そのうち、女はその客を引っ張って畳つづきの奥へはいった。そっちは芸者屋で内輪は一つになっているのである。

『きゃつ、花を引かされるのだぞ』義雄は村松を返りみてささやくと、村松は首をすくめて、これも低い声で、

『負けたら、それだけでぼったくられるし、勝ったところで女と例の妥協——で一睡の夢か？』」

新橋は烏森の、表向きは西洋料理店、実体は売春宿である。明治三十四年（一九〇一）刊の『東京風俗志』に、

「二客技を闘わして勝負定まりたる後、負けたるものは使用料を払うを習いとすれども、間々これによりて隠密に金銭を賭するものありと聞けり。しかしてこれを玩ぶ客も、運動を目的とするよりは、あたかも碁会所に遊ぶと同じ心をもって、専ら娯楽を旨とするなり」

とあるが、これはまだ美化されている。

開化のスポーツとして輸入された撞球は、はじめ紳士貴顕に欠くべからざる社交の手段として迎えられたが、たびたびの弾圧にあってからは、主として二流料理店の裸電球の下

明治後期の球戯場（平出鏗二郎『東京風俗志』）

で、まるで隠花植物のように余命を保たねばならなかった。こうした不幸な歴史は、現在にいたるも撞球の上に一種の翳をおとしている。

### ナント悪い流行物

明治二年（一八六九）、神戸で攘夷主義者に襲われた英国士官が、重傷の身で駈けこんだのが居留地の玉突場であった。これは「ホウル」という外国人経営のもので、当時はまだ日本人による玉突場は絶無であった。

競馬やチーハーと同じ、居留地に出入する日本人によって広まった撞球は、明治も八年前後になると、神戸・大阪方面では大流行を来たしていた。

「世の中が開けて来たはよいが、困ったもので、このごろ当府今橋通四丁目へ、西洋の玉撞き遊びを開場したものがあり、昨今は東西南北と同店がふえて十カ所ほどもできましたが、全体このあそびは四角なサイが丸い玉に変化し、丁と呼び半と叫ばぬばかりにて、博奕好物のナマケ者が追々に集まり、大入りはんじょうでござります。

この玉撞き場は上中下三等に区別して、いずれも類は同じものにて、盤面を白黒の二タ色に塗り、仕切りをつけて、白でも赤でもおのぞみ次第に札（この札とは西洋料理の切手にて、一枚二十銭内外なり。まずこの場に入るとき席主よりこの札を買い、のち立去るときに一割とか何割とかで札のまま席主へ売り戻すことのできるなり）を賭け、勝負というかけ声ともろともに玉を撞きころばし、白でも赤でも玉のとまるところの色を勝と呼び、勝ちたるものは彼の札の一倍を取ると申すが、ナント悪い流行ものではござらぬか」（『郵便報知新聞』明治八年十月十八日）

　撞球は床の上に台を据えて行なう。あたりまえのことだが、明治初年のころはその床のある建物がなかった。あるとすれば西洋料理屋ぐらいのもので、ここに後にいたるまでの、撞球と料理屋の悪縁がはじまった。

　この記事にある賭博は初期だけに行なわれたものだが、台上を色分けしたものらしい。当局から禁止命令が出たが、経営者はさっそく外国人名義に切りかえて営業した。元来玉突場に出入するのは黒羽二重の長羽織、八丈縞にラッコの帽子という、官員やら上流人士であって、西洋料理と同様一般人には近寄りがたい存在だった。これが技巧的性格とあいまって、広範な撞球人口の獲得を妨げたのであった。やがて一流の湯治場にも出現し、競技者の傍らには常に芸者がついているという事態になったのも当然であった。関東に流行の及んだ九年ごろには、箱根に十五、六の玉突場があったという。

だが、本場は大阪であった。そこで十五年（一八八二）二月には、二回にわたって一斉取締りがあった。

「昨年らいはこの業を営なむものあらざる町なきに至り、その賭博も甚だしきは一日千円以上に及ぶありて、一騎当千の博徒が見世を開き集合し、家屋を敗るもの少なからず。その筋にては去る十四日の午後九時ごろ、数百人の巡査数千人の探偵係、一時に町々の玉突所へ踏みこみし。その数は六百八十六軒にて、集合せしもの合わせて幾千人か知らざるを、一人も洩らさじとおっ取り込めしかば、あるいは壁を毀《こぼ》ち、または床下へもぐりこみ、川岸なるは川へ飛びいり、弱きを突きのけ、転ぶを蹴とばし、上を下への騒動にて、ために負傷せし者四百余人、縛につきし者二千三百人余。この夜はじつによく手がまわりしとみえ、川々へは水上警察が派出され、川に入り逃れんとする者を捕えしは三百人余。巡査探偵人の負傷せしも数多のことにて、引き立てたる捕縛人は警察署に充満し、立錐の余地なきがごとく、近来未曾有の大さわぎにてありし」（『朝野新聞』明治十五年二月二十四日、要旨）

この記事を読んでわかることは、撞球が取締りの狙いうちにされやすいということである。一定の施設を要し、証拠物件を押収されやすく、賭場の構造も透き通しである。いくら博徒が集合しているとはいえ、大部分は素人であったろう。彼らは名前の出されることを極度におそれる官員、名士のたぐいであった。まったく当局の点数かせぎのために存在したような賭博といえる。

### プール

泡鳴の作品中「プール」という賭け方があるので、その概要を記す。

使用球、赤一、白三。

ピン、五本（白三、赤黒各一。徳利形の細長い棒である）。

小球、十六個（1より16まで数字を記す）。

小札、碁石（点数勘定に代用）。

図のように玉とピンを配置する。ピンは中央の位置に、一は赤、五に黒、二―四に白を立てる。その間隔を玉と等しくなるように配置する。

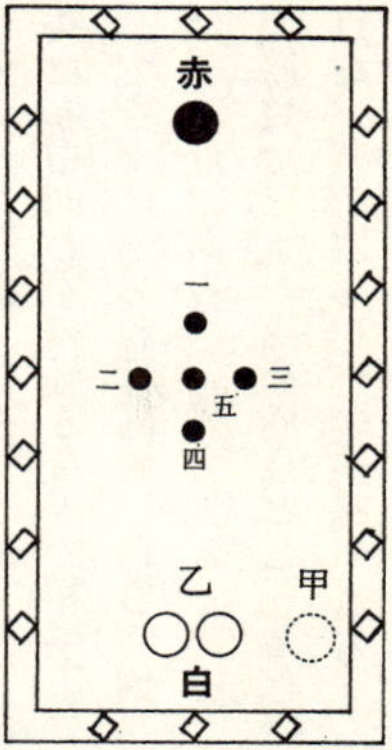

プール
（『司法資料』第1号）

競技者の順番は数字入りの小球を容器よりとりだし、一番数の小さい方を最初にする。以下これに準じて決定すると、ふたたび小球を戻し、多い数の者より順に一個ずつ取る。これは他人に見られぬよう隠しておく。

突き方は、最初白玉の一つをもって白を

つく。その位置は甲でもよし、乙に近づけてもよい。点数には関係ないのである。それ以後は赤白問わず、好きな玉で相手玉に当てる。この場合、必ずピンを倒すようにする。倒しても玉に当らねば罰金である。倒したピンはすぐまた立てる。赤を倒せば一点、白と黒は各七点である。

勝負は三十一点を満点とし、さきほど与えられた小球の数を三十一点より引いた残りの点を、早く取得した者が勝である。ハンディとして、強い者には丁度（ジャスト）で取り切る責任を負わせる。中央のピン一本を残し、他の四本を倒したとき、「プール」と称して賭金の三倍を得ることができる。

そのほか細かい規定は省略する。類似の「オランダ・プール」という競技もあったが、大綱は変らない。

## 8　天災・チイッパ

### サイコロ賭博の更年期

国粋派賭博たるサイコロの世界にも、いちおう明治の新しい波は訪れた。しかし、サイコロはルールをいかに複雑化しようとも、しょせんは偶然手番の賭博にすぎない。かえってイカサマの機会を増すだけになろう。

天災、チイッパはこのような理由から、完全に博徒専門の賭博と化した。

「チイッパ」は明治十四、五年（一八八一、八二）ごろ八王子の親分兼《かね》なる者が考案したものという（宮武外骨引用の『時事新報』＝発行年不詳＝には、神田石屋の鉄なる者の案出となっている）。

ルールはきわめて複雑である。賭者が各自四個、一個は黒の碁石を並べる点、ヨイド（第二章2　江戸サイコロ賭博参照）とあまり変りないが、その役が少々異なる。右から、

○七……小（チイ）

○八……赤

○四九……二番
○十……大
というように、ヨイドの役はサイコロの大きさ種類に変えられる。このサイコロは、

「大」…最も大きなもの。

「二番」…黄色。二番目に大きい。

「赤」…目が赤い。三番目に大きい。

「小」…最小のもの。

の四種である。

さて、賭者は自分の前に並べた四個の碁石中、これと思うものを黒にしておく。いまかりに四人として、各人次のような碁石の配置になったとしよう。数字は賭銭の額である。

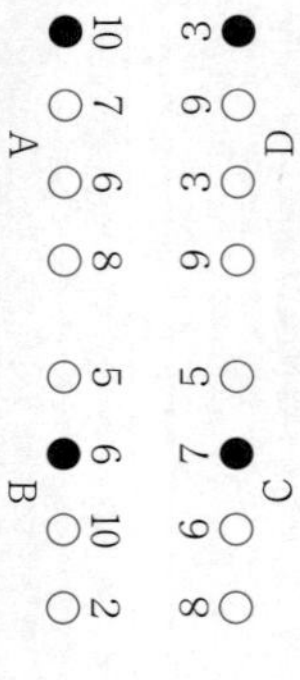


親の振ったサイは、大⚂、二番⚁、赤⚃、小⚄である。各人は黒の石に該当するサイを

除いた残り三個の目を合計して、勝負をきめる。

A…⚁⚃⚄…11

B…⚂⚃⚄…12

C…⚂⚁⚄…10

D…⚂⚁⚃…9

これをヨイドの法則にあてはめて利益金を計算すれば、Aは没収、Bは2円、Cは8円、Dは3円となり、胴親はAの賭金合計三十一円マイナスB・C・Dの利益金合計十三円、すなわち十八円の所得になるのである。

以上は「チイッパ」における通常の方法だが、もう一つ「突上げ」といって、博徒間で行なわれた方法がある。これは四個の碁石中、二番か赤のいずれか一個を前に突き出し、賭銭はその一個だけに当てる。あとの三個には置かないのである。赤の石を突きだすのを「チョン」、二番を「逆《さか》チョン」という。しかし、どの場合でも、賭銭を他の石に置かないだけで、賭けないのではない。一カ所代表して賭ければ、次の割合によって四個全部に賭けたことになる。

「チョン」大と赤に六分の一ずつ。二番と小に三分の一ずつ。

「逆チョン」二番と小に六分の一。大と赤に各三分の一。

要するに突きあげた碁石と、その一つ置いて左か右の碁石が六分の一にあたるのである。

この方式が「ヨイド」と異なる点は、すでに明らかだろう。さきほどの例で、Aだけが11で、「ヨイ」の不運にあたった。もし「ヨイド」方式なら他の三人もすべて胴親から没収されていた筈である。ただし、複雑なサイの目だから、結果が均一になるケースも出る。

これはクイズとして考えても興味ぶかい。
①各人とも赤に賭けた分を得る場合。
②各人とも「ヨイ」になり、全額没収される場合。
③各人とも二番に賭けた分を得る場合。
④同じく小の場合。
⑤同じく大の場合。
先を急がれる方のために解答を記しておく。
①⚀⚀⚀⚀、⚅⚅⚅⚅
②⚁⚁⚁⚁
③⚂⚂⚂⚂
④⚃⚃⚃⚃
⑤⚄⚄⚄⚄

## 天災か人災か

ダイス五個の賭博として、世界にも類例のないイカサマ専用の「天災」は、もと相場用語である。明治中葉、地租を金納しなければならなくなったとき、農家は一度に米を売るので相場は暴落した。そうかと思えば不順な天候が続き、二十日間で三割も暴騰するなどの事態が生じた。後者を「天災相場」と称したが、つまるところ農業政策の不備による人災といってよい。

それはともかく、この賭博は三面黒、三面白のサイを五個用いる。賭客は黒または白に賭け、黒が多く出れば黒の勝となり、白は全額没収される。総黒の場合、胴親は白の賭金を没収するとともに、黒にも払わない。逆に白の場合、黒より没収しながら白にも払わない。このように総黒、総白が災難であることを、相場表の○●にたとえたのである。

薄暗い床下に潜んでいる穴熊は、たとえサイの目が読めずとも、黒白の相違ぐらい見わけるのはわけはない。黒四、白一というきわどいところ、ちょっと針を出しただけでも全額胴親のものとなるのだからやめられない。一日の日当五円から十円、千葉や茨城には教習所があって、さかんに〝人材〟を輩出したという。

# 9　明治の詐欺賭博

## 品質は優等

賭博は運を天に任せた競技であるが、博徒はそんなことを言っていたら生きていけない。次になんの目が出るか知っていなければ、〝投資〟することはできない。

イカサマの原型は江戸時代すでに完成していた。サイコロの曲づくりがりっぱに職業として成立したのも、博徒の必需品だったからに他ならない。明治に入ってから、花札、サイコロの類い一切を製造禁止したのちも、これらの伝統は脈々とうけ継がれ、当局の取締りの重点が風俗犯から思想犯に移行したゆるみに乗じ、明治末年より大正にかけては公然たる販売が許されていた。一書によると、あるメーカーは「最も熟練なる特技を有する日本第一流の良工手を選み増員し」「細工物すなわちサイの中に各種の器械を仕込み、サイを自由自在我思想之意思通活用せしめ、大勝を得る」「出来上り品は一品ごとに実験の上、品質は優等、もっとも完全なる品を迅速かつせいぜい廉価に調整仕るべく候」「なにとぞ無責任なる職工等の粗製濫造品を取次販売する店と混同誤解これなきよう願いあげ候」など広告していた。

### 仕掛けサイ、あの手この手

仕掛けサイを分類すると、サイの内部に加工を施したもの、外面に施したもの、内外に施したものに大別される。これでも足りぬ場合は壺皿に仕掛けを施すのである。

㈠、サイの内部に加工を施した場合（グラサイ）

イ、あん入り

出そうと思う目の方を軽く真空にし、その反対側に鉛（または水銀）を入れる。こうすれば十ぺんのうち六ぺんぐらいはその目がでる。一つの目についてそうしたものを「一点物」、二つを「二点物」という。丁半の場合は偶奇三つの目で一組だから、仕掛けもむずかしい。「三点物」あるいは七部、七つなどという。天災専用として「玉物」がある。十度伏せて七度以上、黒あるいは白が出る。これなら穴熊も世話がやけなくてよい。

ロ、金粉《きんこ》入り

鉛のかわりの金粉を入れる。内部は均等にくり抜いてあればよい。知らずに使っていればふつうのサイとかわりないが、いったん緩急あらば出したい目を上にして軽く「トン」と叩く。比重の高い金粉は一時下方に固まり、鉛入りの場合と同じ効果がでる。「六方」の異名があるのもそのためである。

ハ、粉《こ》引き

⚄⚂⚀の目より黒い粉がでるようにしてある。伏せてから壺皿をひくと、下にかすかな黒線が出る。二個を用いたとき、黒線が一個なら半、二個なら丁、痕跡がなければ丁である。詰替も可能であった。

ニ、軽目

鉛を入れず、起きる目の方を軽く真空にしたもの。確率はうすいが看破されにくい。一点物では機構上意味がないので、主として三点物に応用する。天災にはもってこいの品。

(二)、サイの外面に加工を施したもの（イカサマサイ）

イ、目に細工したもの

鼓（都寿美《つずみ》）といって⚀⚂⚄の目しかないサイコロ。あまりに人をバカにしているので、尻目《けつめ》筒《どう》などの異名がある。天災用としては、全部白、あるいは黒のものがある。並サイと混ぜて使う。

それから、同じく奇数の目に針あるいは楊子で一種の煉粉を埋めこみ、伏せたときの痕跡をもって丁半を見分ける手があった。これを「サーシン薬」と称し、有効時間は一時間とある。

ロ、平面に細工したもの

奇数目の真中に針をつけたものがあった。伏せて壺皿を引くと、バリバリと手ごたえがある。なければ半である。これに鳴針入り、轟、音聞などと風流な名をつけているのである。針では露見しやすいので、飯粒を少々塗り固める手もある。これを薬品化したチャラ薬というものもあった。

サイの角に近い方から針の出るようにしたものが「平飛《ひらとび》」である。一本針と二本針とあり、壺皿を引くとき加減すれば、内部でクルリと回転するものである。丁目ものと半目ものがあるが、天災用は白が出るよう工夫してある。

この極上品がその名も「極飛」というしろもので、まず丁半どちらかに出るようにしつらえ、その上で必要があれば壺皿を引いて別の目にしてしまう。百発百中である。七分サイまでは一本針、それ以上は二本を用いた。天災用は振り放しは白、壺皿を引けば黒になるのである。

針もいいが、音が轟いてもおもしろくないと、「験示」なる方式がある。なんのことはない、ただ目印のキズをつけておくだけで、験示専用の木製皿を用い、手前をそっと五ミリほどあげて験示一個みえれば半、二つ見えれば丁、一つもみえなければ丁というわけである。不利なときは壺にひっかけて倒すと反対の目にかわる。

もうひとつ「ピカサイ」といって偶数の目にピカ磨き薬なるものをすりこみ、スカシ壺皿を用いて透し見るというものがあった。これは光線の正面にすわり、スカシ壺の仕掛けのある部分が眼の前にくるようにする。他の角度からどうみてもイカサマとは思われない。

こんな壺があればなにもピカサイはいらない。

このようなものも堂々と販売していたので、前記広告のスカシ壺の項には「弊店主が腐心熱中寝食を忘れ私財をなげうち、学理と実験に幾多の研究を重ぬること茲《ここ》に年あり。いまや初めてこの透明法を発見するに至れり」とある。

それまでは「窓壺」といって横に穴が仕掛けてある壺があった。しかし露見しやすいので、素人相手にしか用いられなかったという。

薬品ではこの他に「トロ付き」という接着剤があった。並サイに塗付し、二個つなぎあわせる。どう転がそうとも丁ばかり、半ばかりということになる。引っぱれば直ちに離れてベタつきも残らない。

いったい薬品は新しいサイでも古いサイでも通用し、ふつうの状態では看破されぬものであることが必要である。その意味で決定版とも称すべきは「モーカルゼー」という薬で、成分不詳だが、一種のすべり止めである。これを塗付した面が壺皿の内周にひっかかると、摩擦でもって軽く押しただけで一転する。むろん押す力を加減する必要があるし、壺の内角が直線に近いと効果はない。そこで口径の開いた専用の壺を用いた。これならよくひっかかるのである。薬は並製三カ年、有効四百回分。特製は有効十カ年、二千回使用可能だったそうで、まさに、「モーカルゼー」だ。

ハ、サイの形に変改を施すもの

角の部分をたくみに丸くし、壺皿にひっかかるよう調整したものがあった。これを「平かっくり」という。

代表的なものは「水こぼし」あるいは「ダルマサイ」と称するもので、丁半いずれか出したくない目を平らに広く、出したい目を細く丸いように作ったものである。

㈢、内外に細工したもの

以上に述べたさまざまのアイディアを組みあわせたもので、代表的なものに次の三点がある。

イ、二本針入一点物（四玉四殺し）

一点物へ針をつけてある。

ロ、四方針入二点飛

針が四方から二本ずつ、合計八本出ており、壺を引けば裏表の二点が出る。

ハ、玉かっくり

平かっくりに玉物を仕込んだもの。天災に用いる。使用法はこのサイ二個に平かっくり三個というようにする。伏せはなしなら黒、ひっかければ白となる。

以上のようなものだが、このほか「曳綱」といって、目に見えぬような糸をとりつけ、巧みに引っ張りながら丁半おもいのままに出す方法もあったという。

方式上、これらのサイを組み合わせて用いると効果が倍増する理屈で、二一七頁の表のようなぐあいになっていた。数字は個数。
いずれにしても、現在ではサイ賭博がほとんど完全に廃れた以上、このような手のこんだ曲づくりも無意味となった。しかし、かかる歴史的事実にふれると、人間は食うためならどこまでも堕ちる、という一般的真理に当面するのである。

### ベカ札・あの手この手

花札のイカサマ専用は「ベカ札」という。単純なものは裏面に爪や、針の跡をつけて目じるしにするが、サイの場合と同様既製品が存在した。現在でも使用されている形跡がある。

㈠、一枚だけサイズをかえたもの
タテに長いものを長札、ヨコに広いものを広札という。切るときに指の先にかかるので、それを自分の手札に持ってくるのである。
変型に「バチ札」というのがある。底辺が少し広くなるように作ってある。

㈡、半数ずつ区別のつくようにしたもの
二種類ある。「粗滑《ざらすべ》」といって、小札（二―六月）をスベスベにし、大札（一月、七―十二月）をザラザラに加工する。むろん知らぬ者が使っているぶんには意識されない。もうひとつは「厚薄《あつうす》」といって、小札を厚く、大札を薄く作る。

| 技法＼サイ | 並サイ | 三点物 | 平飛 | 験示 | 金粉入 | 平かっくり | 玉かっくり |
|---|---|---|---|---|---|---|---|
| 粉七 | | 1 | | | 1 | | |
| 片通 | 1 | | | | 1 | | |
| 両通 | | | | | 2 | | |
| 片飛 | | 1 | 1 | | | | |
| 三点ぐり | | 1 | | 1 | | | |
| 天災諸飛 | | | 3 | 2 | | | |
| 天災玉かっくり | | | | | | 3 | 2 |

(三)、大部分に一枚ずつ目じるしをつけたもの

まず「毛入りガン付き」がある。裏紙と台紙の間に細い毛を一定の場所にいれ、手ざわりをもって識別できるようにしてある（二一八頁図参照）。

よりシンプルなものに「点もの」がある。これは五点ものに一月と同じ位置の毛を入れ、十点ものには十一月の角度のまま右上と左下に移行させ、二十点ものには七月の場合を逆にする。「削《そ》ガン付き」というのは、台紙の一部分を削いだうえに裏紙を貼ったものである。凹凸によって識別するので「毛入りガン」と位置は異なるが、原理にかわりはない。

総じて「ベカ札」は、素人相手に用いられる。ワザ師というイカサマの専門家は、こんな札を必要としない。掌にかくしたり、首から背中に落しこんだり、目じるしのまったくない札を切り方ひとつで自分の方に持ってくる。彼らはパートタイ

ムで賭場に出張し、不正の露見するまえに、さっさと引きあげていくのである。

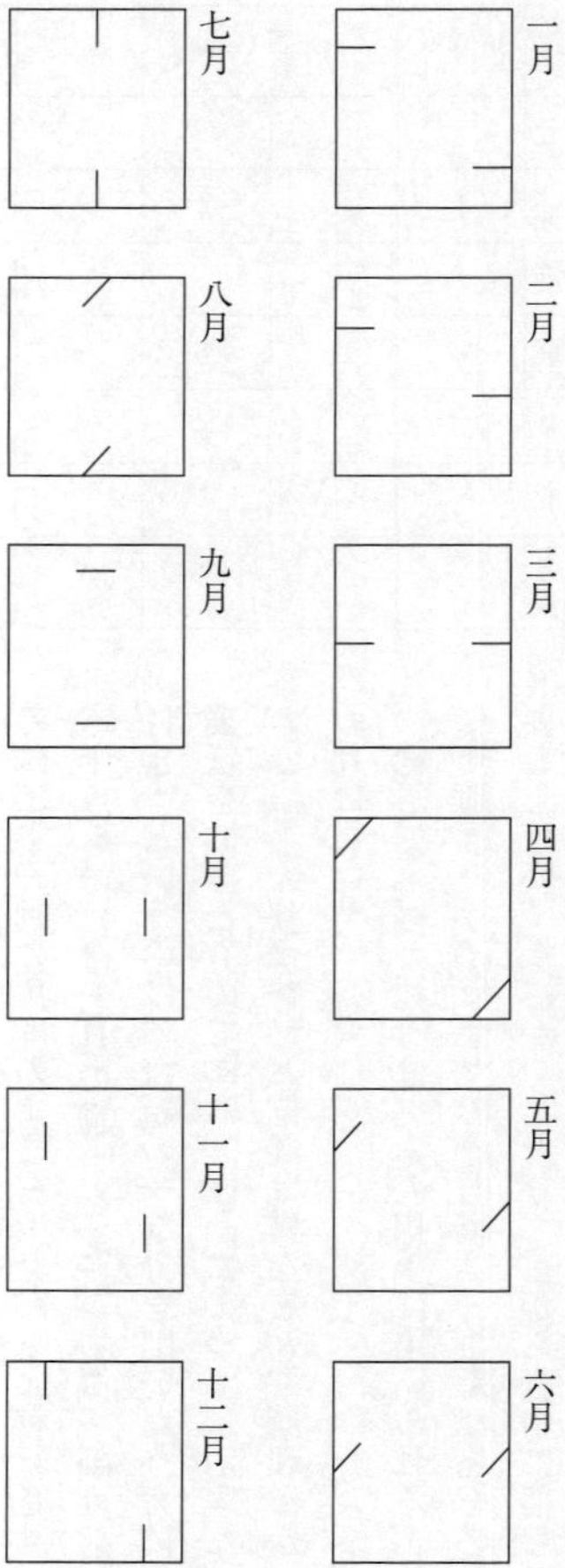

## 10　〈社会〉賭博

### 新聞・賭博・社会

新聞そのほかコミュニケーションの発達により、広く社会事象一般が賭博の対象となった。日露戦争のさい、旅順陥落の日限をめぐって賭けが行なわれたように、国の興亡を争うような局面においてすら、否それゆえにこそ賭博行為が付随したのであった。戦争の勝負のみならず、選挙の当落、兇悪犯の逮捕、病人の死活、出産の男女別にいたるまで、あらゆる事件が賭博のテーマになり得た。そのさい、確実性と速報性をかねた新聞が、媒介役・判定役をつとめたのであった。

新聞記事は一般人にとって、現実的必要性よりも好奇の対象として扱われた。経験的事実であった天候や人事まで記録されているのを見ると、それが事実の客観的反映であるにはちがいないが、別の新しい価値を付加されたものであるかのようにも感じたのである。単なる経験の事実よりも、第三者的に整理された物象の方に、人はより高次の現実性を覚える。過去は新たな意味を持ちはじめ、現在のトピックたりうるようになる。

このような条件が整えば、社会事象は広範な地域と階層の共通の関心となり、賭けの対象にのぼってくる。

だが、開化期にあっては、下層階級に非識字者が多く、そのほかの多数は輸入賭博の方に心を奪われていた。彼らは新聞を施政者の思惑どおり「啓蒙の具」「教化の手段」と信じ、受身の位置に立って接触していた。であるから、没落士族が車夫となりながら、雲助イメージの改善をめざし、優のマークがわりに新聞をひろげていたというエピソードなどはまさに一場のパロディであった。似非《えせ》インテリにとって、活字文化はまごう方なき権威であって、その事大主義、欲求の観念的な狭さによって主体的な読者としての世界への参画を、みずから拒否していた。

むしろ、新聞を自家薬籠中のものにしたのは商人や実業家のたぐいであった。彼らは新聞の中にいち早く社会的な体験と利益を発見し、士族などよりは相対的に豊かな生活感覚をもって、この新しい文明の利器に接した。岩崎弥太郎が一日に何十枚という新聞を読破できた理由は、ただ三菱の二語だけを探していたからだという笑いばなしがあるけれども、見方によればこれはりっぱな主体的選択であった。

経済人にはそれなりの社会に対する連帯がある。株式相場、金銀相場、あるいは米相場を通じての連帯は、彼らの本質より出たものであって、それ自体反社会的な行為とはいえない。職業的博徒の行為は「非社会的」である。社会の生産的連帯とはまったく切り離された者の行為である。

### 奇態な流行

とはいえ、前節に述べたような原理は、賭博国家においては必ずしも貫かれるとはかぎらない。そこでは人間の生死を賭した戦いに対してさらに賭けを挑むような、社会的頽廃が生ずる。他民族の感情を思いやることなく「日韓併合双六」などというものに興ずる。ここには博徒にすらみられない非社会的感覚がまざまざと現われている。自民族の覚醒を、全人類愛に高めるチャンスを失った日本人にとって、免れ難い大きな陥穽であったといえよう。

このような社会において、博徒が法廷で賭博を演じたという事実も、ひとつの意味ぶかいパロディとなる。

明治四十一年（一九〇八）、大阪の博徒は裁判所に進出し、傍聴人をひっぱりこんで判決の賭けをやった。有罪か無罪か、有罪なら禁錮何年かというぐあいに、ここではネタが無尽蔵にある。些細な窃盗事件や詐欺に関する公判まで彼らの群で満員だった。当然ながら民事訴訟には見むきもしなかったらしい。

何日も通いつめていると、判決に対するカンが働くようになる。どうしてもわからぬときは、廷丁《ていてい》にいくらか握らせて意見をきく。これがまた博徒以上に明察力があったらしい。

博徒としては、木戸銭いらず、テラ銭いらず、そのうえ警察もまさかと思うような場所ゆえに、安心して稼業にいそしむことができたのである。宮武外骨（一八六七—一九五五）はこのことを『奇態流行史』（大正十一年、一九二二）の中で扱っているが、はたして「奇態」な「流行」であったろうか。

## 薄張、薄物敷、合百

株式相場にともなう賭博の二、三をあげておく。いずれも米穀商品取引所、株式取引所の立ちあい相場を基準とし、じっさい取引がないにもかかわらず、取引の形式をかりて賭けるものを意味する。今日では株式の大衆化現象によって、このようなものはナンセンスとなってしまった。

㈠、薄張

米十石を一枚とし、なにがしかの証拠金をとり、相場の高低に応じて差金の授受を行なう。証拠金は一丁一銭のわりで、通常五丁・十丁・十五丁・二十丁・二十五丁・三十丁の六種があった。たとえば、米十石が二万二千円のところ、二万四千円に達したとすれば騰貴率は十一分の十二である。したがって、親は五丁の薄張に五銭四厘、二十五丁には二十七銭二厘を払い戻すことになる。

この変型を「薄物敷」と称し、丁数は定めずに売買金額だけ指して申し込む。たとえば米一枚を二十二円で買うといって、証拠金九十円を預けたとすれば、前記のように高騰した場合四枚九十六円だから、さらに六円の払い戻しをうけるのである。

(二)、合百《ごうひやく》(アンコ)

米一枚を一円とし、前場五節の立ちあい相場の平均値(札割相場)を標準に、その平均値が売買値段より高いときは、計算のうえ払い戻し、安いときは差額をとられる。厘毛《りんもう》の位まで計算するので、「毛で勝った、負けた」などといった。証拠金はとらないので、相場師のなかま同士で行なわれた。

この変型に「巾合百《はば》」がある。前記の平均値が何円と何円の間に入るかを賭けたのである。

相場師が仲買人の店などで休憩しながら行なった賭博には、まだいろいろな種類はあるが、おおよそ似通ったものであった。

# 第四章　現代賭博論

## 1　大正昭和の賭博

### 竹林の雀声

夏目漱石は明治四十二年（一九〇九）の『満韓ところどころ』の中で、大連において麻雀を見たことを記している。商店の二階で四人の中国人が、いろいろの模様を彫刻した象牙の札を用いて博奕をしていたが、「要するに、竹と象牙がぱちぱち触れて鳴る許《ばか》りで、何処が博奕なんだか、実は一向解らなかった」という。

麻雀が日本に輸入されたのはその翌年のことだった。樺太（サハリン）大泊中学教頭の名川彦作が、四川省に英語教師として五年間滞在しているあいだに麻雀の魅力にとりつかれ、四十三年（一九一〇）に牌を持って帰国、同僚たちに教えたのが本邦における麻雀第一号であるという。なお、名川自身は東京帝国大学英文科出身で、在学中に夏目漱石の教えを受けている。

教師や留学生など中国からの帰国者から広まったというのは、いかにもありそうなことであるが、横浜や神戸の華僑らの影響も無視し得ないであろう。現在ならサラリーマンが中心勢力になるところだが、大正七年（一九一八）になると大倉組社員が赤坂に初の麻雀クラブを開いている。当時は世界的な流行を示していたので、アメリカからのルートもあり、そのため日本の麻雀は折衷ルールをもって普及した。七対子《チートイツ》などはアメリカ式である。

大正末期から昭和にかけては爆発的なブームが起り、文士の麻雀大会が話題になったのをはじめ、日本麻雀聯盟の発足から、ついには国民新聞主催の全国大会に逓信大臣賞のカップまで出るに至った。名流大会や八大学麻雀リーグ戦などが新聞をにぎわした。当時の麻雀は「健全娯楽」を強調し、日本麻雀聯盟総裁の空閑緑《くがみどり》という人物は段位制度の創設とならべて、「スポーツ麻雀」なる標語を掲げていたほどである。

いずれにせよ、こうした熱狂ぶりはご本家の中国を凌ぐほどで、英米ではすでに下火であった。アガサ・クリスティの『アクロイド殺害事件』（一九二六）には、英国の郊外の小さな村に麻雀熱が浸透しはじめた状況が活写されているが、登場人物が屢々《しばしば》ルールをまちがえるところなど、いかにもにわかブームらしく、彼女自身も以後の作品ではブリッジしか描いていないところを見ると、間もなく消滅したらしい。

日本で流行した直接の原因は、前述のようにマスメディアが提灯を持ったせいもあるが、折からの不況で、金のかからない室内遊戯に人気が集中したということも考えられる。しかし、日本人が現在に至るまで世界一の麻雀愛好国民である理由は、もう少しほかの理由を考え出さなければなるまい。

それはおそらく日本的な社交接待のありかたにピッタリであるということだろう。畳のうえに長時間尻を落ちつけて、現実離れした賭けごとに興ずる。近世のお座敷芸である投扇興ではまだるっこい。丁半や花札ではイメージがよくないし、第一単純すぎる。囲碁将棋は一対一で、人格的なつきあいとなるから、重苦しい。はじめて麻雀を導入したのが知識階級だったことは示唆的で、時代は、新しく軽やかで奥行の深い社交の道具を希求していたところだった。

戦中は禁止されたが、戦後は以前にもましての盛況ぶりで、企業社会では麻雀が必須の〝教養〟であるかのように思われていた時期もあった。その当時は安い経費で長時間遊べるというような理由もあったろう。人々の所得水準が上昇し、消閑の具も多様化している昨今でも、なお麻雀が人気を失わないのは、それが集団主義、調和主義の日本社会に適した社交遊戯であるからだ。

ゴルフやテニスがブームになろうとも、企業社会を中心に竹林の雀声が絶えることはないだろう。

## 2　競馬・競輪・パチンコ

### この胴親にこの競馬

明治時代とはうって変り、その後順調に発展した競馬は、大衆賭博の一方の雄として繁栄を続けている。その端緒は前述のとおり、大正十二年（一九二三）における、馬券発行の再許可であった。政府は馬匹《ばひつ》改良を口実に財政への収入源確保を思いついたのであった。当初は勝馬投票券によって、的中者に賞品を出す方式だったが、新に制定した競馬法によって、本格的な馬券発行に踏切ったのである。

こえて昭和十二年（一九三七）、政府はみずから任命した役員を日本競馬界に送りこみ、その意味では胴元になった。第二次大戦中は東條内閣時代に自粛措置が講じられたが、戦後間もない二十三年（一九四八）、早くも国営と地方公共団体との二本立て開催方式を図り、競馬法を制定した。もともと地方競馬は、戦前に地方競馬規則が制定されており、日中戦争勃発後は軍費調達の一環として「優等馬票」（額面三円以下）が発売されていたのである。二十九年（一九五四）には政府出資の法人として日本中央競馬会を設立、これに国営（中央）競馬を監督させることにして、現在に至っている。

## 戦後賭博としての競輪

競輪は戦後に定着した競技であるが、発祥は明治三十年（一八九七）、不忍池で行なわれた競技大会に遡ることができる。当時はようやくゴムタイヤが輸入され、自転車への関心が昂まっていた。競走用の自転車が入ってきたのは明治三十八年ごろで、新聞社などの主催によるロードレースなども行なわれた。

こえて昭和九年（一九三四）日本自転車聯盟（任意団体）が結成され、十一年（一九三六）のベルリン五輪には四人の選手を送り出すまでになったが、戦中は自転車が乗り物として動員されたため、スポーツどころではなくなった。ようやく戦後になって、各地で競技大会が開かれるようになったのである。

そもそも競輪が公営競技として法制化されるようになったのは、元満州国官吏の海老澤清（海老澤清文）と、元陸軍大尉の倉茂貞助（本名は倉茂武）という二人が出会い、東京有楽町に「国際スポーツ株式会社」を設立したことからである。スポーツ振興やレジャー地区開発を狙っていた両人にとり、競輪は格好の材料であった。早速政界に働きかけ、GHQへの根回しも行って国会審議へと持ち込むことに成功、昭和二十三年（一九四八）七月に自転車競技法を参議院で可決させることに成功した。ほかに倉茂は競輪の運営組織として日本自転車振興会（現在の公益財団法人ＪＫＡ）を立ち上げた。第一回レースは福岡県小倉で、四日間、合計五万五千人の入場者を記録した。車券は単勝・複勝の二種であった。

この成功に刺激されて、各地に競輪場が乱立した。競馬にくらべて狭い敷地ですむから、市街地に建設が可能であり、したがって入場者を集めやすいことが利点として挙げられた。要するに、手軽な娯楽として庶民を吸引する算段であったが、当初はそれが裏目に出て、集団的欲求不満のあおりをまともに食らわねばならなかった。発足後半年目に早くも騒擾事件が発生した。大阪住之江競輪の第六レースにおいて、本命と見られた選手が号砲が鳴っても動かず、他の選手が第一コーナーを通過してからようやくスタートしたので、観衆は走路に乱入、審判塔を包囲するなど不穏な情勢となったが、負車券の払い戻しでケリとなった。

この事件は選手側に非があったが、それから一週間目の西宮競輪場において二度目の騒擾が起きた。打鐘員が誤って一周早くゴングを鳴らしたため、トップの選手がスピードをゆるめて後続の選手に追い抜かれてしまった。観衆が騒いだが、この場合は係員のミスだったため確定については配当金を支払い、その他は全額払い戻しとした。

似たようなトラブルが各地で相次いで起ったが、観衆の中には騒げば儲かると思う傾向が生じた。騒擾の原因にはレースへの無知から生じたものも少なくなかったが、ルールそのものに問題があったり、選手の養成について不備が多かったことは否めない。あまりに弊害が大きくなり、批判が集中したため、昭和二十五年（一九五〇）に約三カ月間の自粛を申しあわせたほどであるが、この期間中に神戸競輪場の選手三十六名が、地元のボスと結託した八百長容疑で検挙されるという不祥事が発生してしまった。このころが競輪最大の危機で、業界は通産省と結んで「愛の競輪」というスローガンを掲げ、大いに公共性のPRにつとめなければならなかった。写真判定の採用がきまったのもこのときである。

### 革命の前夜

この二十五年には川崎事件、鳴尾事件と競輪史上最悪の事件があいついだ。とくに兵庫県鳴尾の場合は〝革命前夜〟といわれたほどの騒ぎだったが、ことの起りがジェーン台風による災害救援にあったため、公営賭博における公共性と非社会的性格の二律背反性がきびしく問われることになった。マスコミは「博奕のテラ銭で学校や住宅を作っても、利益より害毒のほうが大きい」とか、「生活難から浮かびあがろうとしている人たちの、一攫千金の弱点を煽ろうとしている」などという論調を掲げて、競輪の廃止を主張した。

これに対して日本自転車振興会は、施設の改善、競技事務のレベルアップ、選手の訓育、投票方法の改正など、思いきった案を提出し、存続の方向を打ちだした。衆議院では競輪がスポーツか賭博かという問題をめぐって公聴会が開かれたが、いずれにしても廃止には遅すぎた。発足いらい百億円の売上げを示し、国庫に五億円を納入するまでになっていた競輪である。もはや定義を論じている段階にはなかった。第十回国会ではひとり共産党のみが廃止法案を上程したにとどまり、競輪は存続と決定した。

しかし、以後の十年間だけでもおよそ百件の騒擾ないしは紛争が生じたことからも、問題の解決にはほど遠かったことがわかる。そのたびに存続の論議が喧《かまびす》しかったが、戦後二十五年目ぐらいから否定論がだんだん下火になっていったのは、ファンが競輪の技能的性格を愉しむまでに成長したためもあろうが、より根本的には経済至上主義から、公営賭博をいつまでも否定しているのは非現実的であるという空気になってきたためだろう。昭和四十七年（一九七二）には一億五千万円の金が動いた最大の八百長事件が発覚したが、これを最後に大きな不正は減少した。

### パチンコの世界

巨大化した賭博システムはいずれも経営が安定的であり、〝水商売〟としての性格はむしろ健全な産業よりも少ないものであるが、その中でパチンコだけは浮沈が激しい。

昭和初期に子ども相手のコリントゲームから発展したこの博戯は、戦後の二十一年（一九四六）、名古屋の正村竹一という人が自作のパチンコ台を作り、営業をはじめたのが直接の起源である。

刹那的なストレス解消にぴったりの娯楽として競輪とともにブームとなり、とくに玉がどの穴に入っても二十個出てくる「オール二十」が開発されたおかげで、最盛期の昭和二十八年（一九五三）には全国で五万一千三百店に増えたが、機関銃式といわれる連発台が「ギャンブル性が強い」として禁止されたのを契機に凋落期に入った。

しかし、三十五年（一九六〇）に、玉が特定の穴に入ると花弁状のものが左右に開き、連続して玉が入るようにした「チューリップ式」が開発されるや、再び活気を取り戻した。それから十年間が安定期だったが、レジャーの多様化などで再び危機を迎えた四十五年（一九七〇）には一分間百発の連発式が救世主となった。昨今はデジタル式なども出現、玉の補充や器械の管理などにコンピュータも使用され、往年のイメージはほとんど払拭されつつある。

パチンコ、競輪、麻雀という戦後的な博戯はそれぞれ異なった性格を備えている。パチンコは器械だけと対面して手先の遊びを楽しむもので、麻雀は一定の人間関係を前提とした社交的な遊びである。競輪はそのいずれでもなく、手先の能力や人間関係といった要素が乏しい、孤独な運試しの世界である。戦後の状況の中で、積極的な意欲を失った人々がまず競輪とパチンコに飛びつき、経済の回復とともに麻雀へと移行してきたのは興味深い。

ただ、日本人は小手先の器用さを好む性格があり、それが軍艦マーチとチンジャラの響きに象徴されるせかせかした活気と結びつくと、ある種の普遍的な魅力を醸成する。パチンコが衰微するとすれば、パソコンゲーム世代が支配的になったときであろう。

## 3　現代の富くじ

### 負札から勝札へ

終戦直前の昭和二十年（一九四五）に「勝利の日まで」という明るい節まわしの歌がはやった。いまから思えば末期的現象だったわけだが、政府が幕末いらいのご法度だった富くじを復活させたのも、そうした末期的現象の一つであった。名づけて「勝札」というが、抽選をまたずに敗戦となった。

三カ月後、これを復活させるにあたって「負札」でもあるまいと、「政府第壱回宝籤」として〝新装開店〟させたのは、混乱と虚脱の時代を考慮すれば驚くべき計画性と言えよう。一枚十円、一等賞金十万円だったが、むしろ副賞のキャラコ二反、はずれくじ四枚でタバコ十本というほうに人気が集中したのは、当時の世相を雄弁に示している。間もなく一等百万円となり、「百万円あたったらどうしよう、ネ、どうしよう」と唄われた。当選金を貰った者は寄付から逃げ回りながら、「私は絶対に当選していません」などと貼紙を出すという図も見られた。まさに隔世の感がある。

当初政府だけだった発行元が、五大市、戦災都市へと拡大し、昭和二十九年（一九五四）には政府くじが廃止され、全国自治、東京都、関東、中部、東北自治、近畿、西日本など各ブロックごとの連合くじという形に統合されていった。賞金もエスカレートし、四十三年（一九六六）には一千万円、五十三年には二千万円、さらに五十五年には三千万円のジャンボ宝くじも発売されることとなった。このためブームが起り、五十八年（一九八三）の売上高は二千七百億三千七百万円に達した。

### 現代と賭博

宝くじの費用は当選金に四十三・九パーセント、自治体収益金三十九・七パーセント、手数料九・〇パーセント、そのほか、七・四パーセントという構成となっているから、五十八年度には約一千七十二億四百万円が自治体のふところに入ったことになる。ただし当選金を取りにこない者がいて、数億円に達するというから、これも予定の利益となる。江戸時代でいえば胴元のカキ目である。当選者には預金その他の勧誘が不可避であるが、これは突き減りに該当するだろう。

しかし、江戸時代に寺社の修復だけに使用された純益も、現代のように公共住宅の建設、教育施設の拡充、道路橋梁の建設等に使用されると、一種の巨大な財政システムと化してしまい、あらためて賭博としての本質を論じることが無意味のようにすら思えてくる。購

初期の宝くじ抽選風景（写真提供：共同通信社）

入者はゲームのつもりで確率を研究したり、グループ買いなどを楽しんだりしている。一枚三百円といった金額が〝軽い投機心〟を満たす。その結果が公共事業に裨益しているとすれば、投機というよりは軽い寄付行為のようなものかも知れない。貧者の一灯というよりは浮動購買力の一部を醵出《きょしゅつ》するという感覚である。その代償として、ささやかな夢を手にいれるのであるが、それは夢のシステム化、管理化ということにつながってゆく。

　公営賭博の戦後数十年は、主として国民生活の向上と中流意識の普及を前提に、賭博性が無限に希薄となり、必要悪という意識すら過去のものとなって、かわりに公共的な集金機構と化した歴史ということができる。見方によれば、賭博はその益金が公共的な使途にあてられることによって、生産的な行為になるというパラドックスが実現したのである。

　賭博に加わる個人にとっては、かつてのような経済的な窮迫や刹那的な快楽を求めて、というような動機がなくなり、ほどほどの遊びでしかなくなった。賭博という行為にしか自己投機、自己実現の機会を見出すことができない環境は例外的なものになり、社会的な欲望のはけ口がいくつも用意される時代となった。

ちなみに戦後のギャンブルの流れを見ると、昭和四十五年(一九七〇)前後に賭博の大衆化とエスカレーションが見られる。たとえば四十六年には日本ダービーに約十四万の観衆が集まり、八十九億円が乱れ飛んだ。当時の新聞はこれを「平和で、それでいながら、生活がなんとなくきゅうくつで、何やらストレスがたまっている現代人」にふさわしい娯楽、と分析している。このような状況は外国も同じと見え、米誌「ニューズウィーク」は、一九七二年四月に「ギャンブリング・イクスプロージョン」を特集した。

だが、七〇年代も後半に入るや、ギャンブル熱はそれ以上の昂進を示さなくなり、ときおり暴力団の野球賭博のたぐいが話題になるほかは、社会面の主題にものぼらなくなった。これは石油ショックによって、浮かれ気分が去ったことと、サラ金などの消費者金融が盛んになってきたため、小金のためにギャンブルをする必要がなくなったことなどが影響しているのだろう。

いまや麻雀もゴルフも健全娯楽の一環にすぎず、ほとんどギャンブルとは意識されていない。日本的な社交の手段である。ギャンブルという概念じたいが、平均的日本人の意識からほとんど消滅したかに見える。

だが、それは表面的な観察にすぎないだろう。もともと人間社会には不確定、ないしは不可知的な要因がつきものであるから、私たちは生活者として「賭ける」という意識から解放されることはできない。現在の社会が相対的に安定しているとしても、一方では学校や企業という局面を例にとってもきびしい競争に満ちており、人間の合理的な努力だけでは片づかない要素が多いことは否定できない。安定社会であるほど、そこは一面において閉鎖社会でもあるから、一つの状況からの脱出には投機的な精神や衝動が必要になってくる。

このような安定社会なりの不平不満を外に逸脱させるためのシステムとして、スポーツや各種の趣味があることはいうまでもなく、昔ほどウエイトが高くはないにしてもギャンブルというものの存在理由があることになる。人はスポーツやギャンブルなどを通じて、危険な衝動としての投機心をたがいに確認し合って安堵するのであって、そこにつきあいというものの深層的な意味がある。いま一部のスポーツや芸能に大衆現象としての度を超えた熱狂が見られるのは、歪んだ社会心理のはけ口となっているからである。いつまでも跡を絶たないネズミ講なども、明らかに同じ文脈の中にある。

ギャンブルの効用が他の分野に拡散しはじめたことは、これまでにない現象であって、賭博史は新しい局面をむかえたことになるのである。

# あとがき

本書をはじめて世に問うたのは昭和四十一年（一九六六）で、その二十年後に一度改訂の機会を得ている。このたび「ちくま学芸文庫」に編入されるにあたり、旧書名の『日本のギャンブル』を『日本賭博史』と改めることにした。あらためて自著を再読して感じることは、時代背景の大きな変化である。私は本書執筆に先立つ数年ほど前に社会人となり、高度成長期の活力と混乱を否も応もなく体験したのであるが、いくつか印象にのこったことの中にギャンブルの盛行ということがあった。

ある日、まだ昼前というのに、満面を赤く染めた課長が帰社するなり、新入社員の私に向かって「ああ気持ち悪い。おまえたちも早く麻雀ぐらい覚えろよ」と怒鳴った。私は戸惑いながらも、役人相手の接待麻雀で酔わされたんだなと直感した。この会社は三カ月で辞めた。

さらに別の会社にいた時だが、競馬の開催される日にはきまって先輩社員から奉加帳と称するメモ帳がまわってくる。これに対して後輩はスポーツ紙などを参考に本命馬の番号を記し、幾ばくかの賭金を支出する。一瞬数字が飛び交う様子を見ながら、私もつきあわなければと思うのだが、何しろ余裕がない。そんなある日、その先輩から「きみは何が趣味なの?」と不審そうに訊かれたので、ためらいながら「読書が趣味です」と答えたところ、言下に「孤独を愛するというやつだな」という嘲笑まじりの反応があった。

以上は私にとって、すこぶる深刻な体験であり、神田神保町あたりで当時かなり出回っていた一九二〇年代の宮武外骨や尾佐竹猛の賭博考証・研究書を手にする度ごとに、いつか私も賭博と日本社会をテーマにした研究書を書いてみたいと思うようになったのである。その機会は意外に早く実現したことになるが、当時は類書に乏しく、賭博を客観的、歴史的に考察した本はわずかに尾佐竹猛の『賭博と掏摸の研究』(一九二五)、宮武外骨の『賭博史』(一九二三)とを数えるのみであったせいか、多くの読者を得た。私個人はギャンブルをやらないため、ルールの解析などに苦心したが、それよりもサラリーマン社会において、つきあい麻雀に不熱心な者が村八分にされかねないといった体験を骨子として、執筆の重点を賭博の社会的意味に置くことにした点が、注目されたのではあるまいか。

その後、本書が機縁となって、いくつかの百科事典の「賭博」「ギャンブル」などの項目を執筆するまでにいたったが、それ以上に考察を深める機会もなかった。現在は専門研究者も出現し、賭博を社会現象とした学問的な分析が、とくに社会学の分野で汗牛充棟の状況を示している。

とはいえ、賭博を軸とした日本文化史という書物は必ずしも多くはないといえそうなので、今回、再び版を改めることとした。

編集の手を煩わせた筑摩書房編集局の行本篤生氏に厚く感謝したい。

二〇二四年十二月

著者

## 主要参考文献


著者不詳　『一天地六偽咄』　一八五五年　写本

著者不詳　『かくれみの』　一八七二年　不詳

井上卓二編　『横浜名所図会』　一九〇二年十月　『風俗画報』増刊

清水晴風・他　『うなゐの友』　一九一一年　芸艸堂

清水行恕　『賭博要覧』　一九二二年　司法省

宮武外骨　『賭博史』　一九二三年　半狂堂

尾佐竹猛　『賭博と掏摸の研究』　一九二五年　総葉社書店

伊藤晴雨　『江戸と東京風俗野史』　一九二七年　弘文館

司法省調査課　『賭博に関する調査』　一九二七年　司法省

酒井欣　『日本遊戯史』　一九三三年　建設社

中村義正　『賭博』　一九三七年　探偵全集刊行会

酒井欣　『日本遊戯史』　一九四二年　弘文堂（教養文庫）

草賀光男　『ばくち談義』　一九四八年　暁鐘出版社

倉茂章助　『賭』　一九五九年　荒地出版社

山口吉郎兵衛　『うんすんかるた』　一九六一年　リーチ

田村栄太郎　『やくざの生活』　一九六四年　雄山閣

佐藤要人編　『川柳江戸の遊び』　一九七五年十二月　『国文学・解釈と鑑賞』至文堂

増川宏一　『賭博』（全三巻）　一九八〇年　法政大学出版局

# 解説

檜垣立哉

『日本賭博史』と題された本書は、文芸評論家でみずからも多くの著作をものにする紀田順一郎が、『日本のギャンブル』（初出は一九六六年桃源社、一九八六年中公文庫）として出版したものの再度の文庫本化である。解説を記している私が産まれた頃に書かれた出版物がこうやって手にとりやすくなるのは、現在の出版状況をみれば稀なことであり、本書が「ギャンブル好き」の読者に愛されつづけてきたことの証左でもあるだろう。

かつて私が若い頃には、ギャンブル本は、かなり怪しげな競馬必勝法も含めて相当な数が流通していた。そうしたギャンブル本の歴史というのも、日本の民衆史の一頁としてありうるべきものであるが、寺山修司や本書の作者など著名人のものをのぞいては、もはや「失われつつある」歴史的遺物になっている。賭博や、私が主たる専門とする「競馬」にかんしても、現在はインターネットやSNSにおいて膨大な情報や詳細な予想、それに対する感想などが玉石混交ではあるが書きこまれる。だが、「デジタルタトゥー」という言葉とは裏腹に、おそらくこうした雑多なエクリチュールのほとんどは後世に残ることは実はない(一九九〇年代のニフティサーブの会議室の論戦などは誰かが記録していないともはやどこにもない)。だが、書物による、とりわけ『……ブックス』や「ムック本」という形態でのギャンブル本は、一九七〇年代から一九九〇年代にかけて多数発売されていた(私も実家の納戸に積みかさねてある)。ギャンブルは民衆的なものでありながら、つねにある種の文芸的なものと関連するものであった。そうした「書き物」は、ギャンブルという考察対象そのままに、雑多でかつ怪しげで、しかしある種の蘊蓄をもった者同士の意地の張りあいといった様相を呈するものが多かった。紀田のこの論考が私に喚起してくれるのは、まさにそうした古き良き時代の、ギャンブル・エクリチュールの一面である。

日本賭博史と名指されてはいるものの、そこには「歴史」にかんするある種の一貫した方法論があるわけではない。現在では、遊戯や賭けの歴史についての社会史的・人類学的研究は相当入念になされている。筆者の「専門」領域である競馬にかんしても、立川健治『文明開化に馬券は舞う:日本競馬の誕生(競馬の社会史1)』(二〇〇八年、世織書房)、『地方競馬の戦後史:始まりは闇・富山を中心に(競馬の社会史 別巻1)』(二〇一二年、世織書房)という「正史」とでもいうべき大著が、そして新書としては本村凌二『競馬の世界史』(二〇一六年、中公新書)があり、相当に整備されているという現状がある。だが、紀田のこの書物は、そうした「詳細な」あるいは「客観的かつ網羅的」な記述とは異なった、かつての「ギャンブル文化」そのものの姿が色濃い。まさに一九六〇年代前後の日本の高度経済成長の勢いのなかで、こうした書籍が有象無象に量産された痕跡がみてとれるのである。それはそれで重要な証言であるとおもう。

その意味で、さまざまな「雑多な賭博の知」をそのままに記述した感はあるものの、この書物が「人は未来が不可測であるということを、どうやって学び知ったのであろう。そして、その不可測に賭けるという意思を、どのように獲得したのだろうか」という言葉で始まることは、この「歴史書」が一種の「哲学」に貫かれていることをよく示している。「賭博は人類とともに発生しているのかもしれない」という文言は、おそらくは「アルコールやタバコ（等、薬草類）を嗜むことは人類とともに発生しているのかもしれない」と置きかえ可能なように、理性的存在であるとみなされがちな人間にとって、実は重要な問いでありうるはずだ。人間には、どこかで、「真面目」な生き物であることから自ら逸脱した、「遊び」や「酩酊」が必要なのである。

現代社会が、一方で大規模なカジノを構想し、「株」や「債権」という「真面目ぶった」金融ギャンブルのうえに成立しているのに、個人間での金銭を伴う賭け（高校野球の勝敗をめぐる個人間のトトカルチョのたぐいは「不謹慎」な「昭和」では、どこでもおこなわれていた）を「禁止」し、アルコールやタバコの「害」のみを強く主張しながらもそれを「許可」しあるいは「販売する」という「逆説」についてはのちにのべる。賭けることは、紀田もいうように、占いに頼る古代から現代までの各時代において、権力的な支配者側にも民衆にとっても「重要な意思決定」の根拠や、「密かな楽しみ」として存在しつづけてきた。それを回避する人生とは、まさに「未来」が「不可測」であることを「みえないようにする」ものであり、実際に危険なことでさえあるのだ。そうした遊戯のなかで、未来が不可測であること、人生が結局はどこまでも偶然性に左右されること、そしてそこで喚起される情動やカタルシスを経験することは、つねに存在する「虚偽＝八百長」への対応も含め、必ずや学ぶべき何かであるはずだ。それは「賭ける」ことのもつ深い意義である（アルコールやタバコや薬草の「酩酊」についても同様の意義があるだろう）。

とはいうものの、本書は「賭博史」と題され、とりわけ近世以降の日本の賭博の「歴史」を記述した著作である。そこでは、神事としての賭け＝占いから、おもに民衆が考案してきた「さまざまな種類の賭け」が列挙されており、何よりもその多彩さには目をひく。もちろん現代でも、イギリスのブックメーカーは、選挙結果や天気など森羅万象にいたるまで賭けの対象にする。しかし本書で描かれる賭けの記述は、サイコロをもちいた丁半賭博やカルタ・花札賭博、動物賭博（競馬はその一種に分類されるだろう）あるいは射的の賭博などはもちろんのこと、「文芸賭博」といわれる、「言葉」の数やそのいずれに印を付けたかを当てる賭博、また裁判所の判決を予想する「法廷賭博」や、「株式相場」の賭博などを包括し、現代版富くじとしての宝くじなども含めて、実にさまざまな種類へと展開されていく。賭博自身がお金を賭けるものであるのに、貨幣に悪貨——金属含有率が低くほとんど表面だけに金属が付着したのもの——が多く流通する時代において、その貨幣そのものを賭博の対象とした「投げ銭」（輪投げのようなもの）や、その「模様」を当てることなどが流行ったことは、どこかユーモラスな賭けの自己言及性を感じさせる。

だが、筆者にとって一番面白かった記述は、丁半賭博における「八百長」の記述であった。賭けることは、それ自身偶然性に身をおくことであるのだが、反面かならずそこには「八百長」という「偽の偶然性」が出現する。賭博が人類と同じ程度に古いのと同様に、八百長はこれも賭博と同じくらい古いはずだ。江戸時代の丁半賭博において、床の底に潜り下からサイコロを操作するというもの、あるいはサイコロ自身を削り六面の出現確率を変えたり、薬品をつけて小細工をしたりするというのは古典的なものであろうが、前者に対しては布団を持ち込みそのうえで賭博をする対抗策とか、しかし胴元もそこでわざと負けを繰り返し、怒ったふりをして演技のように布団を投げ飛ばすことなど、八百長自身が賭博の遊戯の一部になってもいる。八百長論で一番面白いのは「策士、策に溺れる」といった事例であろう。八百長をするつもりが、騙す側が失敗し結果的に騙されるといった事態であるが、おそらくそうしたことは賭博の歴史のなかでさまざまにあったのだろうと想定できる。

また、賭博的な遊戯は身分を問わずおこなわれているものの、古代でも江戸幕府や明治政府でもどこかで「禁止」が発令され、その制限がなされていたという事実は、それ自身考察に値する。先にも記したが、賭博は人類史の「普遍」であり、おそらくそれがない社会や時代など実在しない。にもかかわらず、賭けはつねに権力側にとって「制限」の標的になってきた。もちろんそこでは、徴税ができない金銭流通の問題（ある時代以降だとまさに反社会的団体問題）や、「射幸心」にとらわれる風紀の乱れ等への警戒があることは容易に理解できる。しかしながら、まさに現代日本が「公営ギャンブル」の全盛期であるように、国家や地方自治体といった「個人でない」組織がなす賭博は問題にならないのである。公的機関が賭博的なものを内包すること（それは資本主義社会自身が、賭博社会化することともかかわる）と、つねに生じる賭博の「禁止」という矛盾きわまりない事態は、ギャンブル論にいつもつきまとう。

私は、とりわけ近代社会において強く現れるこうした忌避は、そもそも「偶然に身を任せる」ことへの、近代社会の直感的な反発が根底にあるからではないかと考えている。近代における国家や権力システムは建前上「計算」によって成り立つものである。そうでありながら、もとより人間の「未来」など「不可測」であるに決まっている。その側面は、勤勉を旨とし、合理的な態度を前提とする近代社会にとって、何らかの仕方で「排除」されるものとなってしまう。このことは、アルコールやタバコなどを忌避的にあつかい、ある種の「国民の健康」という労働力の維持を目指しつつ、同時にそれらが国家のコントロールのもとで商売品として販売されることとまったくパラレルである。とはいえ、皮肉であるのは、先にもふれたように、資本主義化した近代社会が、そもそもそれ自身賭博的であるということだ。公営ギャンブルが容認されているのは、もちろん八百長の可能性を防ぎやすいということはあるだろうが、それは公的な組織自身がそもそも賭博的であるということと根本的にむすびついているとおもわれる。未来の偶然性に身を投げるという「賭博」が明らかにする生きることの本性は、賭博を完全に禁止することを不可能にする。公的機関が一方ではそれをつねに「悪」と規定し抑制をかけると同時に、複雑化した現代においても自らがその主催者側になっている不思議さも、賭博論がつねに目標とすべき主題であるだろう。

この書物は一九六〇年代に出版されたものであるがゆえに、そこでの「現代の賭博」の事例は競馬やパチンコ、あるいは現在年末ジャンボ宝くじ等で巨大化した宝くじを描くことで終わってしまっている。しかしながら現今の社会は、その時代にはなかったパソコンやインターネットといったシステムをもちいながら、さらに多彩な賭けの諸様態を生みだしつつある。それ自身は「人間であること」にとって健全なことであり、ここで描かれた「賭博史」を、さらに未来へとつなげていくことが必要であるだろう。巨大な賭博社会において、いかにも合理的人間として棲息している「かのような」われわれに、未来という時間が結局はわからず、そうした偶然に身を委ねた生を送るしかないことを目覚めさせつづけるために。

二〇二四年十二月

（ひがき・たつや　専修大学教授・大阪大学名誉教授　哲学）

本書は、一九六六年二月二十日に桃源社より桃源選書として刊行され、のち一九八六年三月十日に中央公論社より中公文庫として刊行された。ちくま学芸文庫化にあたって原題『日本のギャンブル』を改題し、改訂を行った。

樺太一九四五年夏　金子俊男

突然のソ連参戦により地獄と化した旧日本領・南樺太。本書はその戦闘の壮絶さを伝える数少ない記録だ。長らく入手困難だった名著を文庫化。（清水潔）

わたしの城下町　木下直之

攻防の要である城は、明治以降、新たな価値を担い、日本人の心の拠り所として生き延びる。城と城のようなものを歩く著者の主著、ついに文庫に！

東京の下層社会　紀田順一郎

性急な近代化の陰で生みだされた都市の下層民。落伍者として捨て去られた彼らの実態に迫り、日本人の人間観の歪みを焙りだす。（長山靖生）

外政家としての大久保利通　清沢洌

北京談判に際し、大久保は全責任を負い困難な交渉に当たった。その外交の全容を、太平洋戦争下の現実政治への弾劾を秘めて描く。（瀧井一博）

独立自尊　北岡伸一

国家の発展に必要なものとは何か――。福沢諭吉は生涯をかけてこの課題に挑んだ。今こそ振り返るべき思想を明らかにした画期的福沢伝。（細谷雄一）

賤民とは何か　喜田貞吉

非人、河原者、乞胸、奴婢、声聞師……。差別と被差別の根源的構造を歴史的に考察する賤民研究の決定版。『賤民概説』他六篇収録。（塩見鮮一郎）

増補 絵画史料で歴史を読む　黒田日出男

歴史学は文献研究だけではない。絵巻・曼荼羅・肖像画など過去の絵画を史料として読み解き、斬新な手法で日本史を掘り下げた一冊。（三浦篤）

滞日十年（上）　ジョセフ・C・グルー　石川欣一訳

日米開戦にいたるまでの激動の十年、どのような外交交渉が行われたのか。駐日アメリカ大使による貴重な記録。上巻は１９３２年から１９３９年まで。

滞日十年（下）　ジョセフ・C・グルー　石川欣一訳

知日派の駐日大使グルーは日米開戦の回避に奔走。下巻は、ついに日米が戦端を開き、１９４２年、戦時交換船で帰国するまでの迫真の記録。（保阪正康）

**江戸はこうして造られた**　鈴木理生

家康江戸入り後の百年間は謎に包まれている。海岸部へ進出し、河川や自然地形をたくみに生かした都市の草創期を復原する。（野口武彦）

**増補 革命的な、あまりに革命的な**　絓《すが》秀実

「一九六八年の革命は「勝利」し続けている」とは何を意味するのか。ニューレフトの諸潮流を丹念に跡づけた批評家の主著、増補文庫化！（王寺賢太）

**考古学はどんな学問か**　鈴木公雄

物的証拠から過去の行為を復元する考古学は時に歴史的通説をも覆す。犯罪捜査さながらにスリリングな学問の魅力を味わう最高の入門書。（櫻井準也）

**戦国の城を歩く**　千田嘉博

室町時代の館から戦国の山城へ、そして信長の安土城へ。城跡を歩いて、その形の変化を読み、新しい中世の歴史像に迫る。（小島道裕）

**増補 海洋国家日本の戦後史**　宮城大蔵

戦後アジアの巨大な変貌の背後には、開発と経済成長という日本の「非政治」的な戦略があった。海域アジアの戦後史に果たした日本の軌跡をたどる。

**日本の外交**　添谷芳秀

憲法九条と日米安保条約に根差した戦後外交。それがもたらした国家像の決定的な分裂をどう乗り越えるか。戦後史を読みなおし、その実像と展望を示す。

**性愛の日本中世**　田中貴子

稚児を愛した僧侶、「愛法」を求めて稲荷山にもうでる貴族の姫君。中世の性愛信仰・説話を介して、日本のエロスの歴史を覗く。（川村邦光）

**琉球の時代**　高良倉吉

いまだ多くの謎に包まれた古琉球王国。成立の秘密や、壮大な交易ルートにより花開いた独特の文化を探り、悲劇と栄光の歴史ドラマに迫る。（与那原恵）

**博徒の幕末維新**　高橋敏

黒船来航の動乱期、アウトローたちが歴史の表舞台に躍り出てくる。虚実を腑分けし、稗史を歴史の中に位置付けなおした記念碑的労作。（鹿島茂）

ちくま学芸文庫

# 日本《にほん》賭博史《とばくし》

二〇二五年二月十日　第一刷発行

著　者　紀田順一郎（きだ・じゅんいちろう）

発行者　増田健史

発行所　株式会社　筑摩書房
東京都台東区蔵前二―五―三　〒一一一―八七五五
電話番号　〇三―五六八七―二六〇一（代表）

装幀者　安野光雅

印刷所　中央精版印刷株式会社

製本所　中央精版印刷株式会社


ISBN978-4-480-51287-1 C0121